D1665958

Hildegard Khelfa

Die kleine rote Eselin und der Bär

Eine außergewöhnliche Freundschaft

Bibliografische Information der Deutschen Nationalbibliothek:

Die Deutsche Nationalbibliothek verzeichnet diese Publikation in der
Deutschen Nationalbibliografie, detaillierte bibliografische Daten sind im
Internet über http://dnb.dnb.de abrufbar.

© Hildegard E. Khelfa, Augsburg 2018
Illustriert von der Autorin;
Herstellung und Verlag:
BoD – Books on Demand, Norderstedt

ISBN: 9 783 746 079 301

Für Amin und Reiner,

weil es so schön ist, dass es Euch gibt.

Inhalt

Dunkler Wald

Im Wind wogende Wipfel und knarzende Geräusche knorriger alter Bäume, der würzige Duft von Tannenharz! Der Eselin bebten die Nüstern und sie spürte die Abenteuerlust aus ihrer Fohlenzeit, wenn sie unbedingt etwas ansehen oder ausprobieren musste. Die anderen Esel waren auch verspielt und neugierig, aber kein anderes Tier ihrer Herde verspürte dieses brennende, verzehrende Sehnen im Herzen, wann immer es zum verbotenen Zaun sah oder zwischen den einzelnen Latten hindurch nach draußen lugte. Es war einfach nur die "verbotene Welt", über die man gar nicht weiter nachzudenken brauchte, aber für die kleine rote Eselin war es so viel mehr: eine geheimnisvolle Welt voller Möglichkeiten.

Sehnsüchtig hatte sie dem Flug der Wildgänse nachgesehen oder den wolkenartigen Schwärmen der Zugvögel, die sich hoch in die Lüfte erhoben. Für die kleine Eselin hatte es immer nur diese kleine, überschaubare Welt gegeben, bis sie eines frühen Morgens alles hinter sich gelassen hatte.

Es war ein ganz anderes Leben, an das sie nun nicht mehr denken wollte, nur ihr verletzter Huf erinnerte sie noch an ihre Flucht, denn der schmerzte sie bei jedem einzelnen Schritt. "Dennoch", dachte sie, "dennoch bin ich ganz alleine bis hierher gekommen!"

Sie fühlte Stolz auf sich selbst und diese unbändige Freiheit im Herzen, die ihr niemand mehr nehmen sollte. Die Morgensonne wärmte ihr rotes Fell, auf den Wiesen funkelten Millionen und Abermillionen schillernder Tautropfen wie ein Glitzerperlenmeer. Bodennebelschwaden stiegen dort vorne über einen kleinen Bachlauf auf, der sich direkt aus dem düsteren Wald wand, als sei er dort nur mit eingezogen Schultern und möglichst heimlich durchgeflossen, um nun endlich in der hellen Ebene weiter und kräftiger zu werden. Die Luft roch einfach herrlich, harzig und würzig wehte es von den Nadelbäumen. Wieder wurde die Eselin von einer unstillbaren Sehnsucht erfüllt.

"Denk nicht mal daran!" sagte in dem Moment eine

Stimme neben ihr, als sie den kleinen Hügel hinabsteigen wollte, bereit für ihr nächstes Abenteuer. Erstaunt blickte sie sich um und geradewegs in die treuherzigen Augen einiger Schafe, die wohl langsam den Hügel emporgetrottet waren. "Wer dort hinein geht, kommt nie wieder zurück, das wissen wir." "Ja, das wissen wir!" blöckten nun auch die anderen Schafe. "Eine von uns ging dort verloren, schon vor vielen, vielen Jahren." "Dort lebt ein gewaltiger Bär, so gefährlich und schrecklich, er tötet alles, was er fressen kann." warfen nun auch die anderen wieder ein, wie in einem einzigen Singsang mahnender, drohender, warnender, blökender Stimmen. "Ja, dort lebt der große, alte Bär und hütet seinen Honig, dort kann niemand hinein!"

"Honig?" Die Eselin drehte sich wieder Richtung Wald und fühlte, wie ihr das Wasser im Munde zusammen lief. Wenn sie einer Sache nicht widerstehen konnte, dann war es Honig und die Aussicht darauf schien ihr so viel bedeutender, als so ein wenig Angst vor einem wilden Bären. Schließlich war dieses Waldgebiet vor ihr geradezu riesig, da sollte sie diesem gefährlichen Wesen doch sehr leicht ausweichen können. Sie war ja keine kleine, unerfahrene Eselin mehr. Nun ja, klein war sie leider geblieben, aber sie war nun doch schon recht erfahren in Sachen Abenteuer und sie würde sich gut verbergen. Außerdem musste sie sich diesen herrlichen Wald einfach aus der Nähe ansehen!

"Danke Euch!" rief sie noch und schon trabte sie in Richtung Wald davon, so schnell es ihr schmerzender Huf erlaubte. Ihr Herz klopfte vor Aufregung als sie kurze Zeit später die ersten Schritte in diese neue, geheimnisvolle und dunkle Welt setzte. Zunächst war es sehr mühsam, durch das Dickicht zu laufen, aber bald gab es nur noch hohe Stämme um sie herum, Dornensträucher und Büsche lagen hinter ihr. Hohe Nadelbäume schienen bis in den Himmel zu ragen und ließen nur wenig Tageslicht herein, aber ein Stück weiter vorne, da schimmerte ein wenig Helligkeit hindurch. Dorthin wendete sich die rote Eselin, kletterte dabei über umgestürzte Bäume, abgebrochene Zweige, bis sie plötzlich auf einem kleinen Pfad stand, der das Weiterkommen sehr viel einfacher machte. Die Eselin seufzte auf, denn wieder litt sie starke Schmerzen und wünschte, es gäbe irgendetwas, das sie dagegen tun könnte. Aber es war wohl der Preis für ihre Freiheit gewesen und so biss sie tapfer die Zähne zusammen.

Auf dem Pfad lief sie nun deutlich leichter, er war aus weichem, abgeflachten Waldboden, weich und doch fest genug für sicheren Halt. Jetzt kam sie weitaus besser voran und merkte, dass sie sich dem hellen Flecken rascher näherte.

Schließlich betrat sie eine bezaubernde, kleine Lichtung, voller weicher Moosteppiche, einem plätschernden kleinen Bach, einigen Wildblumen und summenden Bienen. Sie sah zwei Eichhörnchen, die einander spiralförmig die Stämme hoch und wieder herunter jagten und lachte. Das Wasser schmeckte köstlich und klar, vor allem war es erfrischend und eiskalt, ganz anders als die Brühe, die sie früher bisweilen im Eimer fand oder in dem Trog, wenn alle schon daraus getrunken hatten. Ja, hier würde sie erst einmal verweilen!

Wütende Bienen

Noch einmal nahm sie ein paar Schlücke des herrlichen, kalten Wassers, dann hielt die Eselin ihren Huf hinein und fand ein wenig Erleichterung. Neben ein paar Steinen im Wasser bemerkte sie kleine Flusskrebse und achtete sorgsam darauf, sie nicht zu verletzen. Schließlich trottete sie zu einem der herrlich weichen Moosteppiche, legte sich hin und ruhte sich ein wenig aus. Eine laue, sanfte Briese kam auf und der Windhauch strich über ihr Fell wie eine sanfte Liebkosung.

Die kleine rote Eselin war gerade am Einschlummern, als sie einen süßlich, würzigen Duft wahrnahm, erst schwach, dann zunehmend stärker und lockender. Ihre Ohren zuckten aufgeregt, sie schnupperte erneut, aber da war er wieder: der köstliche Duft honigschwerer Waben.

Es zog sie förmlich auf die Beine und sie näherte sich schnuppernd der unwiderstehlichen Verlockung, bis sie ein gutes Stück vor sich in einer

Astgabel einen großen, alten Bienenstock fand. Seltsamerweise gab es aber noch einige Erdhöhlen in der Nähe, aus denen kleinere und dunklere Bienen ströhmten, wärend die des Stockes wie die Bienen eines Imkers aussahen. Sie sah dem Treiben der Tiere einige Zeit lang zu, dann dachte sie wieder an den Imker. Der hatte etwas angehoben und dann die Waben einfach aus so einem Kasten entfernt. Das schien nicht besonders schwierig zu sein, jedoch sah es hier ganz anders aus. Die Eselin zögerte, dann wendete sich den Höhlen der Wildbienen zu, ohne sich von dem aufgeregten Surren einzelner Tiere beeindrucken zu lassen. "Wenn ich nun an der Oberfläche scharre, komme ich bestimmt ganz leicht zu den Waben," dachte das Tier und begann, mit dem unverletzten Vorderhuf ein wenig Erdboden abzutragen.

Im nächsten Augenblick hörte sie ein wütendes Summen und gleich darauf spürte sie schmerzhafte Stiche in ihre Beine und am Hinterteil, dann schon am Vorderlauf und, was noch viel schlimmer war, auch an den Nüstern und um die empfindliche

Schnauze. Mit schreiendem "Ia" sprang die Eselin voll Schmerz und Panik in die entgegengesetzte Richtung und rannte, bis sie zu zurück zu dem Bach auf der Lichtung kam, dort ins eisige Wasser sprang und untertauchte, so tief sie konnte. Einige Stiche spürte sie kaum, andere jedoch taten höllisch weh, aber das kalte Wasser linderte den Schmerz und die Schwellungen, nur den verletzten Stolz, den linderte es nicht.

Gedemütigt blieb die Eselin lange im Wasser sitzen und es rollten ihr auch ein paar Tränen die Wange hinab. "Was ein ganz doofer Wald!" dachte sie. "Was für ein doofer Tag und was für doofe Bienen!"

Was sie jedoch nicht ahnen konnte war, dass in diesem Augenblick ein dicker, großer Bär sich ganz in der Nähe hinter ein paar Stämmen den Bauch hielt und gar nicht mehr aufhören konnte zu lachen. Es zerriss ihn fast, so schüttelte es ihn, nicht etwa, weil die Eselin Schmerzen hatte, das tat ihm natürlich leid, aber wie sie schreiend ganz nah an ihm vorbeigerannt war, ohne ihn zu bemerken, geflüchtet vor ein paar dieser winzigen Wesen, während eine große, gefährliche Kreatur wie er nur hätte die Tatze ausstrecken brauchen, das hatte schon eine gewisse Komik. Als sie dann mit einem riesen Satz ins Wasser gesprungen war und nun nur noch mit ihrem roten Kopf und den langen Ohren herauslugte, das war einfach unübertrefflich.

Vor allem konnte er es gar nicht fassen, dass sie ihn nicht bemerkt hatte. Er hatte sich eben beruhigt, da sah er wieder ihren Kopf aus dem Wasser ragen und so sehr er es auch versuchte, er konnte sein Lachen nicht unterbinden. Klarer Waldbach und rote Eselsohren, nein, so ein Bild hatte er wahrlich noch nie gesehen und er hatte schon viel gesehen in seinem langen Leben.

Erneut prustete er los und die Lachtränen liefen ihm nur so herunter. Nun war er aber doch gespannt, was diese neue Waldbewohnerin wohl als nächstes vorhatte. Aber er musste sich sehr lange gedulden, bis die rote Eselin endlich wieder aus dem Bach herauskam. Ihre Ohren ließ sie einen Augenblick lang hängen, dann aber bekam sie einen stolzen Gesichtsausdruck, blickte störisch drein, wie es eben nur Esel tun können und kickte einen Stein so fest sie konnte mit ihrem Huf in Richtung der

Bienen. Natürlich war das kindisch, sie traf nicht einmal halb so weit, außerdem war ihr schon klar, dass sie ja nun einmal der Eindringling gewesen war und sich die Bienen nur verteidigt hatten, dennoch empfand sie in diesem Augenblick eine wilde Genugtuung und stieß ein zorniges, trotziges "Ia!" aus. Dabei schmerzte jedoch der Stich an ihrem Maul und sie beschloss, es für heute dabei zu belassen.

Der Bär musste gerade schon wieder lachen, als er plötzlich bemerkte, dass die Eselin humpelte. Er dachte erst, das sei von einem schmerzhaften Stich gewesen, aber dieses Humpeln war anders und er lachte nun nicht mehr, sondern beobachtete sie genauer. Sie trottete langsam zu einer Moosfläche. Wieder schien ihr ein Schmerz durch und durch zu gehen. Ihre Flanken zuckten richtig und sie hielt den Kopf gesenkt, während sie ein paar Schritte nur auf drei Beinen weiter ging.

Der Bär zog sich zurück und dachte nach.

Am nächsten Tag machte er seine gewohnten Streifzüge durch sein Revier. Neugierig näherte er sich auch der Lichtung, aber die kleine rote Eselin war weg. Als er ein Stück weiter lief, nahm er jedoch ihre Witterung auf und meinte nun auch einen Augenblick lang, leises Hufgetrappel zu hören.

Er blieb kurz stehen und atmete tief ein. Kein Zweifel, sie war ganz in der Nähe und aus den Augenwinkeln bemerkte er kurz ein rotes Fell. "Interessant", dachte der Bär, als er langsam weiter ging und immer mal wieder ein wenig Rot hinter einem der Stämme vorlugen sah. "Hat sie keine Angst davor, mir zu folgen?"

Er blieb wie beiläufig stehen und kratzte sich den Pelz an einem Stamm. Das war herrlich! Langsam ging er weiter, doch als er sich erneut vorsichtig umblickte, sah er zu seinem Staunen, dass die Eselin nun ihrerseits das Fell an dem Stamm kratzte.

Der Bär lachte in sich hinein. "Sie ist wie ein Jungtier, das die Großen nachahmt."

Er überlegte, was er ihr noch von seinem Wald zeigen konnte und führte sie auf leichten Pfaden zu einer Lichtung, die er besonders mochte. Hier wuchsen Wildblumen und Kräuter, es gab zwei Bäche, die ineinander flossen und einen kleinen Wasserfall, dessen Rinnsal sich ein Stück weiter unten ebenfalls mit den Bächen vereinte. Herrliches, saftiges Gras war sicherlich etwas, das der Eselin gefallen würde, Gras und frisches, klares Wasser, den Schutz einiger großer Felsblöcke mit einem ganz kleinen, schützenden Vorsprung. Hier könnte sie doch ein paar Tage bleiben, wenn sie denn noch bleiben wollte.

Langsam trottete der Bär wieder weiter, dann verbarg er sich und beobachtete die Lichtung. Ja, richtig, da kam die kleine rote Eselin. Erst lugten wieder die beiden langen Ohren und die hübschen, neugierigen Augen hervor, dann streckte sie erst einen Huf aus dem Wald, dann den nächsten, sie wartete wieder ein wenig, bis sie schließlich keck heraustrat und lächelnd die Schönheit der Lichtung erfasste.

Der Bär bemerkte ihr Lächeln und freute sich, schließlich zog er sich vorsichtig zurück und wanderte zurück zu seiner Höhle, die ein ganzes Stück tiefer im Wald verborgen lag.

Die Eselin war einfach glücklich und sah sich alles ganz genau an. Sie blickte hinter die Felsen, in eine kleine Baumhöhle hinein, kostete von jedem der Bäche und kurz darauf auch von dem Rinnsal, dann ging sie langsam zur schönen Wiese und naschte selig von den herrlich saftigen Gräsern und den Blüten, die ihr hier viel würziger vorkamen als an jeder Gegend, die sie bislang durchlaufen war.

"Dieser Bär hat mich zum Glück nicht bemerkt, aber

dank ihm bin ich hier auf dieses kleine Paradies gestoßen. Hier will ich eine Weile bleiben." Dann dachte sie wieder an das mächtige, große Tier. Im ersten Augenblick war sie furchtbar erschrocken, als er in die Nähe der anderen Lichtung kam. Sie hatte ihn nur zufällig gesehen, denn sein Schritt war sehr leise, doch sie konnte sich rasch verstecken und ihn ganz genau beobachten. Sie war sofort beeindruckt von seiner Größe. Es war ein faszinierendes Kraftpaket voller Muskeln und einem herrlich dickem Bauch. "Ein satter Bär ist ein guter Bär", dachte sie, "der hier schaut satt und zufrieden aus!" Daher empfand sie ihn verrückterweise nicht als Bedrohung.

Im Geiste hörte sie förmlich die spöttischen Kommentare der anderen Esel und die freundlichen, mahnenden Worte der Schafe, aber das war ihr jetzt egal. Sie wollte mehr über ihn herausfinden. Sie musste es einfach! Unbedingt!

Aber jetzt brauchte sie erst wieder eine Pause und würde ihren schmerzenden Huf eine Weile in das eisige Wasser legen. "Ob ich jemals wieder schmerzfrei gehen kann?" fragte sie sich.

Einen Augenblick wurde es ihr ganz elend vor Zweifel, aber dann schüttelte sie entschieden den Kopf.

"Es kommt, wie es kommt und ich werde gewiss das Beste daraus machen!"

Mit Honig lockt man rote Esel

Der Bär räkelte und streckte sich gemütlich und zufrieden in der warmen Morgensonne. Sein Pelz war noch ganz strubbelig und er fragte sich, ob er auch heute immer mal wieder heimliches Hufgeklapper hinter sich auf den Wegen hören würde. Seit Tagen ging das nun schon so: immer wieder vernahm er leises Trappeln hinter sich, mal lugten zwei lange rote Ohren um einen Stamm und hier und da nahm er die Bewegung eines rotfelligen Körpers wahr. Er hatte das natürlich bemerkt, wie er alles wahrnahm, was sich in und um sein Revier im Laufe der Jahreszeiten veränderte.

Er hatte die neuen Spuren entdeckt und dem Rufen des Eichelhähers gelauscht, der mit gewohnt lautem Krächzen jeden Eindringling meldete. Der Bär hatte die letzten Nachmittage damit verbracht, einen großen Bogen zu laufen und sich seinerseits an den neuen Waldbewohner anzuschleichen, nur wusste er genau, wo die Zweige knackten und wo man sich über weiche Moosflächen anpirschen konnte, ohne je bemerkt zu werden. Außerdem beachtete er genau, ob und von wo der Wind wehte. Er schmunzelte und brummte zufrieden, schließlich war er ein erfahrener Bär, nicht so wie diese junge, neugierige Eselin, die überall mit ihren kleinen Hufen hintraben, alles umdrehen, anstupsen und ausprobieren musste, wie ein übermütiges Bärenkind.

Er lachte noch immer über die Wildbienen und das kreischende "Ia" der weggaloppierenden Eselin, die sich kurz darauf den ganzen Nachmittag das verstochene Hinterteil im kalten Bach kühlte. Dabei hatte er auch bemerkt, dass sie an einem Huf verletzt war und das dauerte ihn. Er wollte ihr helfen, aber er hatte große Sorge, sie zu erschrecken. Jeder hatte Angst vor ihm, vor seiner Größe und ja, er konnte auch gefährlich werden, aber die Wahrheit war, dass er sich seit je nach der Gesellschaft anderer Arten sehnte, von ihnen lernen wollte und es liebte, die anderen Tiere zu beobachten. Er kannte sich aus mit heilenden Kräutern, Wurzeln und Rinden, er wusste Stellen in seinem Wald mit heilsamen Schlamm und es machte ihm Freude, wenn er anderen Wesen helfen konnte.

Nur das alte Schaf wusste das und deshalb war es in seiner Nähe geblieben, aber mit Schafen kann man keine Gespräche führen, naja, zumindest nicht über all die Dinge, die ihn bewegten. Immerhin war es ein Wesen, dass nicht vor ihm davonlief.

Er dachte nach. Das Schaf, ja, so könnte es gehen. Dann fiel ihm noch etwas ein und schmunzelnd packte er ein Stück tropfende Honigwabe in ein paar Blätter und nahm diese vorsichtig auf. Er war ein sehr behutsamer Bär.

Kurz darauf machte er sich auf den Weg und wie er ganz richtig vermutet hatte, dauerte es nicht lang, da vernahm er ein vorsichtiges Hufgeklapper hinter sich. "Diese neugierige kleine Eselin," brummte er zufrieden. Er ging ein wenig langsamer, setzte sich mal neben einen Stein und legte sein Päckchen ab, packte es aus und hielt die Honigwabe so, dass die Eselin sie auch sicher bemerken konnte. Fast beiläufig ließ er etwas Honig auf ein Blatt tropfen, das er auf den Stein gelegt hatte, dann kostete er selbst ein Stück und packte die Wabe ohne Bedauern wieder weg. Er hatte noch genug davon in seiner Höhle.

Die Eselin bebte mit ihren Ohren. "Honig! Er hat Honig dabei!" Oh, wie sie Honig doch liebte. Ausgelacht war sie worden von den anderen Eseln. "Esel fressen keinen Honig, das ist nicht die Art der Esel!" Oh, wie oft hatte sie sich das oder ähnliches schon anhören müssen! Ihr Fell war nicht die Art der Esel, ihre Neugierde war es nicht, auch nicht der Wille, eigene Wege zu finden und ihre Sehnsucht nach der Welt hinter dem verbotenen Zaun. Aber es war ihre Art, dachte sie trotzig und stampfte mit dem Huf.

Wohin hatte es sie geführt? Hier war sie nun in diesem dunklen und doch so schönen Wald, mit diesen herrlichen weichen Mooslichtungen, dem klaren Sternenhimmel, dem harzigen Tannenduft, den verborgenen Pfaden, die der Bär in seinen unzähligen Streifzügen geschaffen hatte und diesem starken, mächtigen Waldbewohner, der nun friedlich vor ihr gesessen war und von seinem Honig gekostet hatte. Wohin er wohl heute unterwegs war? Das musste sie herausfinden, unbedingt, denn er kannte so herrliche Orte in diesem dichten Wald, zauberhafte, wunderschöne Orte.

Doch nun hatte sie ja noch mehr erspäht: dunklen, tropfenden Honig. Ungeduldig wartete sie, bis der Bär seinen Weg fortsetzte, dann hielt es sie nicht länger und sie trabte zu dem Stein. Im nächsten Moment vergaß sie die Welt und leckte genussvoll schnaubend an dem köstlichen Honig und fraß auch noch das Blatt. Dieser Honig war ja noch viel besser, als jener andere, so viele Monde zuvor. War jener schon eine Offenbarung, so schien er nichts im Vergleich zu diesem hier mit seinem intensiven, würzigen Geschmack. Sie seufzte voller Seligkeit und suchte noch das Gras ab, ob nicht vielleicht wenigstens ein Tropfen daneben gegangen sei.

Der Bär hatte alles lächelnd beobachtet und geduldig gewartet, scheinbar ohne Eile setzte er nun seinen Weg fort, hielt hier und da an, um seinen Pelz an einer rauen Borke zu reiben und der Eselin Gelegenheit zu geben, ihn wieder einzuholen. Es dauerte nicht lang, da bemerkte er ihr rotes Fell hinter einem dicken Baumstamm und sah die langen roten Ohren und zwei neugierige Augen um die Rinde lugen. Der Bär lachte in sich hinein.

Baumstammbrücke

Der kleine Pfad schlängelte sich vorbei an einem klaren Bachlauf, auf dem ein dicker Baumstamm eine natürliche Brücke bildete, aber der Bär hatte diese Stelle gewählt, weil es auch eine natürliche Sandbank und flache Uferstellen auf beiden Seiten gab, die dem verletzten Huf der Eselin keine Schwierigkeiten machen sollten. Er trottete noch ein Stück weiter, doch dann verbarg er sich hinter ein paar Felsen, um seiner Verfolgerin die Möglichkeit zu geben, wieder aufzuholen.

Es dauerte nicht lange, da lugten wieder zwei lange rote Ohren um den Stamm, eine neugierige Nase witterte und der Bär schüttelte schmunzelnd den Kopf. Er könnte ihr so vieles lehren, sie hatte wirklich keine Erfahrung mit dem wilden Leben hier draußen, aber er bewunderte auch ihren Mut. Kein anderes Tier hatte es je gewagt, in seiner Nähe zu bleiben, geschweige denn, ihm freiwillig zu folgen und seine Schritte zu beobachten.

Da kam sie, vorsichtig erst, dann jedoch zielstrebig. Ein Sonnenstrahl verirrte sich auf den dunklen Waldboden und einen Augenblick lang verharrte sie im warmen Licht. Ihr rotes Fell leuchtete auf und der Bär dachte, wie gerne er es einmal kraulen würde. Er wunderte sich ein wenig über sich selbst. Da ging sie auch schon weiter und näherte sich zögerlich dem klaren Bach. Sie witterte und schnüffelte wieder und bemerkte das abgeflachte Ufer und die Kiesbank. Es schien, als wollte sie gerade diesen Weg gehen, als sie den Kopf wendete und den Baumstamm betrachtete, der an der breitesten Stelle über den Bach gefallen war.

"Sie wird doch wohl nicht...", dachte der Bär unwillig und brummte ungehalten. Die Eselin erstarrte mitten in der Bewegung und ihre Ohren bebten. Der Bär blieb nun ganz leise, aber da drehte sie auch schon ab und ging entschlossen auf den Baumstamm zu. "Das ist wieder typisch Eselin!" dachte der Bär, aber diesmal hielt er ganz still.

Die kleine rote Eselin grinste vor sich hin und dachte aufmüpfig: "Es ist bestimmt nicht Art der Esel, über eine Baumstammbrücke zu balancieren, pöh!" und stolz hob sie ihren Huf an und dann den nächsten und versuchte, die Balance zu finden. Das gelang ihr sehr viel besser als erwartet und sie bewegte sich langsam, dann immer sicherer voran. Den Bären hatte sie längst vergessen, sie dachte an die anderen Esel und wie sie sie ausgelacht hatten.

"Ich balanciere auf einem Sta-amm und ich verhalte mich uneselisch!" rief sie in den Wald und dann drehte sie sich ganz schnell in der Mitte um und landete wieder mit einem Sprung auf dem Stamm. Einen Augenblick dachte sie, sie würde abrutschen, aber sie hielt sich auf der dicken Borke und landete sicher. Die kleine Eselin lachte. Der Bär schüttelte nur den Kopf, aber etwas in seinem Inneren wurde ganz weich und er erinnerte sich an seine Bärenkindheit und an sein eigenes übermütiges Herumtollen. Wärme durchflutete ihn und er lächelte, als die Eselin nun herausfordernd und keck den Baumstamm überquerte. Dann ging sie nochmal hinunter zum Bach und trank ein paar Schlücke dieses herrlich klaren Wassers.

"Der Bär!" dachte sie erschrocken. Sie hatte ihn ja

völlig vergessen, er war bestimmt schon ganz weit weg. Also drehte sie sich rasch um und folgte dem Pfad, der nun erneut durch tiefes Unterholz führte.

Das alte Schaf

Bald wurde der Weg breiter und angenehmer, führte an hübschen kleinen Lichtungen vorbei, an geheimnisvollen Felsformationen und anderen interessanten Orten, aber der Bär hielt sich nun nicht länger auf. Die leisen Hufe folgten ihm.

Es dauerte nicht lange, da kam er zu einigen großen Felsbrocken, auf denen Zweige und Tannenreiser das Dach eines soliden Unterstands bildeten. Wie immer lag das alte Schaf auf dem Moosteppich davor in dem kleinen Sonnenflecken der Lichtung und kaute auf Gräsern herum. Der Bär näherte sich langsam und behutsam.

Der kleinen Eselin stockte der Atem. "Oh nein" wieherte sie auf. "Er wird das Schaf fressen, er lauert, oh das ist schrecklich. Ich muss etwas tun. Er ist schon ganz nahe!" Aber wie sie mit entsetztem Ia soeben losschreien und das Schaf warnen wollte, geschah etwas sehr merkwürdiges. Das alte Tier erhob sich freudig blökend und ging ganz furchtlos auf den Bären zu. Der war stehen geblieben und ließ es gutmütig geschehen, dass das Schaf nun den wolligen Kopf gegen seine Flanke rieb und sich dann vor ihn stellte. So begrüßt man einen alten Freund. Es hob das Bein und die Eselin bemerkte fassungslos, wie der Bär es betastete, so als würde er es untersuchen und dann nahm er Schlamm aus einem nahen Trog, zerkleinerte eine seltsame Wurzel, verrührte alles und rieb die Gelenke des Schafes damit ein. Der Eselin stand der Kiefer offen.

Ungläubig beobachtete sie, wie behutsam der Bär das Schaf behandelte und es ihm sagte, dass die Gelenkschmerzen schon so viel besser geworden seien und dann begannen sie, ruhig über die rote Eselin zu sprechen.

Der Bär meinte fast beiläufig zum Schaf "Hast Du die kleine rote Eselin bemerkt, die neuerdings durch unseren Wald streift?" "Nein", blökte das Schaf. "Natürlich nicht," dachte der Bär. "Schafe sind eben Schafe." "Was ist mit ihr?" fragte das Schaf, nun doch neugierig geworden. "Och, es ist nur, weil sie humpelt. Ich würde ihr gerne helfen, aber ich denke, es wird nicht klappen, weil sie mich zu sehr fürchtet."

Das Schaf lachte blökend vor sich hin. "Natürlich tut sie das, Du bist ein Bär! Noch dazu ein besonders großer. Jeder fürchtet Dich." "Du fürchtest mich nicht." antwortete der Bär, "zumindest nicht mehr!" "Wir sind seit vielen Monden befreundet und Du hast mir sehr geholfen. Ich lebe jetzt in Freiheit, habe ein eigenes, schönes Zuhause, Futter im Winter und Schmerz und Alter zeigen nun viel weniger Spuren als früher. Nein, ich fürchte Dich nicht mehr, ich kenne Dein Herz." lächelte nun das alte Schaf und eine Weile saßen sie und plauderten über das Gras und die Blumen, über Lämmer und Weiden, über die Jahreszeiten, dann erhob sich der Bär und trottete wieder weiter. "Vielleicht lässt sie sich helfen, wenn sie soweit ist," rief ihm das Schaf noch hinterher und der Bär brummte zufrieden.

Die Eselin stand mit bebendem Herzen hinter ihrem Baumstamm und zitterte. Er wusste, dass sie im Wald war, nur wie hatte er sie bemerkt? Sie war doch so leise und vorsichtig gewesen! Er wusste auch, dass sie verletzt war und er war nicht wild oder gefährlich oder gar böse. Er kannte die Heilkunst und wollte ihr helfen. Aus der Fassung gebracht, stand die kleine Eselin da. Ihr Herz schlug ganz laut, aber zum ersten Mal seit langer Zeit hatte sie Hoffnung, dass sie wieder normal springen konnte, irgendwann, wenn, ja wenn sie den Mut aufbringen würde, sich von diesem großen, mächtigen Bären helfen zu lassen.

Vertrauen

Der Bär war zufrieden weiter gegangen. Alles war nach Plan gelaufen und nun brauchte er nur noch Geduld. Die hatte er nicht immer, aber wenn es um das Wesen der Heilung und dem Wandel der Natur ging, da war Geduld das Wichtigste, daneben noch: Verständnis, Erfahrung, Aufgeschlossenheit und Mut. Er hatte von alledem, denn er war ein ganz besonderer Bär.

Schon seit seiner Kindheit hatte er Dinge aufmerksam beobachtet und mit wachen Sinnen gelauscht: dem Wind, den Wäldern, der Natur, dem Wandel der Jahreszeiten, aber auch den Alten, er hatte beobachtet und er hatte verstanden. Sein Herz besaß Güte und wenn er anderen Wesen helfen konnte, dann empfand er weniger von diesem erdrückenden Gefühl der Einsamkeit.

So sehr hatte er sich wieder eine Gefährtin gewünscht, aber die Bärinnen, die er traf waren selbstsüchtig und eitel oder bequem und vor allem hatten sie keinen Blick für die Dinge, die ihm am Herzen lagen. Sie sahen nicht mit seinen Augen, sie versuchten es nicht mal und viele wollten ihn auch ändern und das wollte der Bär nicht mehr. Dafür hatte er einfach zu viele Winter gesehen. Er träumte davon, genau so gemocht zu werden, wie er war, mit seinem schönen, dicken runden Bärenbauch, seinen kräftigen Muskeln, seinem verwuschelten grauen Pelz und seinen Eigenheiten. Aber die Dinge waren eben so und er hatte sich damit abgefunden.

Ah, da waren sie wieder, die langen roten Ohren. Die Eselin war ihm also tatsächlich gefolgt. Bei dem Bach, gleich neben der Stammbrücke hielt er an. Das war ein guter Platz, denn hier hatte die kleine Eselin schon ihren Mut gefunden. Er legte also das Blätterpäckchen neben sich auf einen großen, flachen Stein und öffnete es behutsam.

Er wartete. Die roten Hufe kamen ein Stückchen näher, sehr zaghaft. Da brach der Bär zwei Stückchen von der Wabe ab und schob sie ein wenig zur Seite. "Wenn Du möchtest, teile ich gerne mit Dir mein Frühstück," brummelte er sanft vor sich hin, ohne sich umzublicken. Leise klappernde Hufe kamen näher und schneller, als er dachte, war das erste Stückchen der Wabe verschwunden.

Er schmunzelte. Schon war auch das nächste Stückchen weggenascht. "Aller guten Dinge sind drei, nicht wahr?" sagte der Bär und brach noch ein größeres Stück von der Wabe ab, schob es wieder ein wenig nach rechts. Schwupps! War auch dieses Stückchen weg.

Eine Weile geschah nun gar nichts und der Bär wartete geduldig. Dann hörte er ein leises "Danke!" und das Herz wurde ihm wieder warm. Er achtete darauf, sich nur sehr langsam zu bewegen, als er sich sachte zu der Eselin umwandte und ihr in die schönen Augen blickte. "Brauchst keine Angst zu haben, ich tu Dir nichts."

Dann wandte er sich wieder ab und begann nun, eine kleine Mulde zu graben, in die sofort ein wenig klares Wasser floss. Vorsichtig nahm er etwas aus einem Beutel und zerrieb es zwischen seinen starken Tatzen und schließlich mischte er noch etwas von dem Lehm dazu. Was die Eselin aber am meisten erstaunte war, dass er außerdem ein Feuer machen konnte, denn genau das tat er jetzt. Sie hatte nicht gesehen, wie, aber es war sehr schnell gegangen und schon brannte dort vor ihr ein kleines Feuer, auf das er einen kleinen Topf stellte. Kurz darauf kochten darin schon Weidenrinde und nichts davon hatte die Eselin näher beobachtet. Woher war der Topf gekommen, wie war das mit dem Feuer gegangen? Wie machte er das nur?

"Das ist mein Heilplatz hier," sagte der Bär "oder einer davon. Hier bewahre ich ein paar nützliche Dinge in der kleinen Grube, so muss ich nicht ständig alles herumschleppen." Die Eselin trabte noch ein wenig näher und bemerkte ein paar flache Borken, die auf der Seite lagen und den Blick in eine kleine Grube zwischen der Uferböschung freigaben. Gerne hätte sie gewusst, was dort noch verborgen lag, aber als sie sich weiter vorbeugte, fuhr ihr ein stechender Schmerz in den Huf. Sie schnaubte auf und dem Bär tat es leid. Er wartete geduldig. Endlich, Minuten schienen vergangen zu sein, da schob sich ein kleiner roter Huf in seinen Schoß, direkt in seine warme Tatze. Esel und Bär hielten den Atem an. Einen Moment lang wagte es keiner von Beiden auch nur die leiseste Bewegung zu machen, aber dann begann der Bär den Huf ganz zart zu streicheln. Die Flanken der Eselin bebten und etwas bewegte sie ganz tief in ihrer Seele. Sie war völlig verwirrt, aber dann wusste sie es mit einem Mal.

Sie vertraute!

Freundschaft

Geduldig und sanft setzte der alte Bär seine Behandlung fort. Wie verzaubert ließ die kleine Eselin alles geschehen und trank auch von dem bitteren Weidenrindentee, als der Bär ihr versicherte dass dieser Schmerzen und Entzündung lindern würde. „Ich mache Dir jeden Morgen neuen, wenn Du hier auf mich wartest… wir können ihn ja noch ein wenig mit Honig süßen," lächelte er und so geschah es denn auch.

Die Tage vergingen, Morgen für Morgen wartete die Eselin schon ganz früh auf die Schritte des Bären. Dankbar ließ sie seine Behandlung zu und trank den bitter-süßen Tee, der ihrem Körper Erleichterung schenkte. Nach etwa acht Tagen spürte sie die erste deutliche Verbesserung im Huf, doch der Bär mahnte zu Vorsicht und Geduld. „Schone Dich!" tadelte er sie brummend, als er sie dabei erwischte, wie sie mitten auf der Baumstammbrücke eine wilde Drehung vollführte und laut rief „Ich benehme mich wieder uneselisch!"

Fast wäre sie vor Schreck in den Bach gefallen, aber schnell war er herbei gesprungen und hatte sie gestützt. Einen Moment lang hielt er sie in seinen Armen und ihre Blicke trafen sich. Kurz darauf war sie schon über den Stamm gerannt, auf der anderen Uferseite in den Bach gesprungen und spritzte ihn keck an. Sie war wirklich wie ein Bärenjunges! Er lachte und spritzte zurück und so ging es hin und her, bis er fast vergaß, dass er doch schon ein alter erfahrener Bär war.

Eine Weile später saßen sie mit tropfendem Fell nebeneinander und grinsten. „Dein Huf ist so viel besser geworden. Zwanzig Tage noch, dann sollte alles gut sein und Du kannst weiter traben."

Die Eselin blickte fast erschrocken drein. „Schickst Du mich etwa weg?" Der Bär stutzte, als ihre Augen ganz feucht wurden und auch ihm war es einen Augenblick ganz seltsam bei der Vorstellung, sie könnte wirklich weiterziehen. „Ja, willst Du denn in diesem dunklen Wald leben?" fragte er ganz vorsichtig. "Das ist doch reichlich ungewöhnlich für einen Esel, oder? Esel lieben doch die weite Steppe, das flache Gras und die Ebene, auf der sie alles sehen können."

Da begann die kleine Eselin ganz bockig zu gucken und meinte aufmüpfig „Ich bin eben uneselisch, pöh!" Da war es also wieder, dieses Wort, das sie nun schon so oft gerufen hatte. Es stand in ihren Augen, wie ein alter Schmerz, wie die eingebrannte Narbe eines Blitzschlags in der Eichenrinde des uralten Baumes auf der großen Lichtung. Es fühlte sich genauso an, wie die Angst der anderen Tiere sich in seinem Herzen angefühlt hatte. Der Bär verstand. Er benahm sich in vielen Dingen ja auch „unbärisch", aber das hatte ihm so noch niemand zu sagen gewagt, zumindest nicht mehr, seit er ein ausgewachsener, starker Bär geworden war. Aber gespürt hatte er es in den Augen mancher Bärin, die nicht verstand, warum er die anderen Tiere nicht einfach aus wilder Jagdlust reißen wollte. Ja, er verstand sogar sehr gut. Auch seine Familie hatte ihn nicht immer verstanden, erinnerte er sich. Er hatte es selbst empfunden, in vielen Dingen einfach anders zu sein und er verstand den Kummer des anderen Wesens.

Ganz vorsichtig begann er die rote Eselin hinter den

Ohren zu kraulen und brummelte sanft „Kleine Rote, ich weiß nicht so viel darüber, wie Esel zu sein haben und was angeblich uneselisch ist, aber ich finde es sehr schön, dass Du bist, wie Du bist, denn sonst wärst Du ja nicht hier und das würde mir doch irgendwie fehlen."

Der Trotz wich aus dem Gesicht der Eselin. Hatte er sie eben „kleine Rote" genannt und hatte er wirklich gesagt, sie könnte ihm womöglich fehlen? Hatte sie richtig gehört, dass er sie so mochte, so akzeptierte, wie sie war? Sie blickte stumm in seine Augen und fand nur ruhige Aufrichtigkeit darin.

Da öffnete sich etwas in ihrem Inneren und dicke Tränen liefen über ihre roten Wangen. „Na, na…" brummelte der Bär, drückte ihren Kopf zärtlich gegen seine starke Brust und streichelte ihr Gesicht so behutsam, dass sie sich wunderte, wie so ein starker, kräftiger Bär so unendlich sanft und zärtlich sein kann. Er selbst war ebenfalls tief bewegt. Da war dieses sture, kleine, freche, wilde und doch so verletzbare Geschöpf nun an seinen wuscheligen Pelz geschmiegt und schluchzte. Wieder regte sich etwas in seiner Seele. Sanft kraulte er die kleine

Rote weiter, bis sie sich beruhigt hatte, doch blieb sie fest an ihn gekuschelt und er wusste, dass er sie jetzt halten musste. Nach einer Weile drang ganz leise eine Stimme an sein Ohr „Ich mag Dich auch, genauso wie Du bist. Wollen wir Freunde sein?"

Da kullerten nun auch dem alten Bären ein paar gerührte Tränen über das Gesicht.

Heitere Tage

Die Wochen vergingen, der Huf wurde besser und besser und der alte Bär erfreute sich oft daran, der Eselin bei ihren Tollheiten zuzusehen. Mal fand er sie, wie sie auf dem Po sitzend, den Grashügel herunter schlitterte, der von dem Morgentau noch ganz rutschig war, mal hinterließ sie riesige Spuren im Schlamm, die sie so formte, als sei sie viermal so groß. „Schau mal, ich bin ein Bärenesel!" rief sie dann übermütig und schon kam eine Schlammbombe geflogen. Mal versuchte sie auf nur drei Hufen über die Baumbrücke zu balancieren und ein andermal lief sie rückwärts.

Der Bär schüttelte oft den Kopf über ihre Verrücktheiten, aber dann drehte er sich um und zeigte ihr, das auch er rückwärts über die Brücke laufen konnte, sehr, sehr gut sogar. Er kletterte die Bäume hoch, viel höher als sonst und schaukelte an dicken Ästen, machte Rollen vorwärts und beide hielten sich oft vor Lachen die Bäuche. Dann saßen sie wieder gemeinsam am Feuer und unterhielten sich oder lauschten einfach nur in wohlig schweigendem Einvernehmen dem Knistern und Prasseln des Feuers, während über ihnen der Sternenhimmel zwischen den Tannenwipfeln und über dem freien Fleckchen der schönen Mooslichtung erstrahlte.

So erfuhr der Bär auch ein wenig mehr aus der Zeit der Eselin, bevor sie in seinen Wald gekommen war. Sie erzählte von der schönen Blumenwiese, die sie mal beweiden durfte und davon, wie ein Imker nach den Bienenstöcken gesehen hatte, bis er eines Tages große Wabenplatten daraus entfernte. Da war ein Wagen vorgefahren und der Imker hatte seine Arbeit mittendrin unterbrochen und ließ die Waben einen Augenblick lang in einer Wanne stehen. Die kleine rote Eselin hatte es vor Neugierde einfach nicht mehr länger ausgehalten und war ganz langsam näher gegangen, während die Bienen um sie herum summten und schwirrten, ohne sie jedoch zu bedrohen. Daher hatte sie ja auch nicht gewusst, dass Wildbienen da ganz anders waren. Beide lachten an dieser Stelle, als sie an jenen Nachmittag zurückdachten. Die Honigwaben dufteten köstlich. Noch nie hatte die Eselin so etwas gutes geschnuppert und vorsichtig leckte sie mit ihrer Zunge daran. Es war eine Offenbarung! So eine Süße hatte sie noch nie geschmeckt und schon hatte sie ein großes Stück herausgebissen. Es war herrlich, paradiesisch, das höchste aller Glücksgefühle, so als würde man ganz hoch und weit springen und könnte dabei abheben, wie ein Vogel über den verbotenen Zaun hinweg in eine Welt voller Abenteuer. Sie wollte sich eben vorbeugen, um erneut von der Wabe abzubeißen, da traf sie ein harter Schlag und der Imker riss sie an ihrem Halfter weg, so hart, dass ihre Zunge und Zähne schmerzten. Er zerrte sie von der herrlichen Blumenwiese, durch das Gatter hindurch und band sie in dem kleinen, trostlosen Schweinegehege fest, wo es nur ein wenig karges Gras gab und diese große, stinkende Suhle. Dort musste sie gebunden stehen und hatte gerade soviel Strick, damit sie sich an den Zaun kauern und ein wenig am Gras nagen konnte. Traurig blickte sie auf die herrliche

Blumenwiese und die Schönheit des Morgens, das Gefühl jauchzenden Glücks schien nur noch ein unwirklicher Gruß aus längst vergangenen Tagen. Besonders bitter wurde es ihr, weil die anderen Esel noch auf der schönen Weide standen und sie auslachten. „Esel fressen keinen Honig!" riefen sie höhnisch und „Das hast Du Dir selbst zuzuschreiben!" Sie lachten sogar, als es regnete und sie in ihren warmen Stall traben konnten, während die kleine rote Eselin am Pfahl neben der Suhle angebunden blieb. Das Schwein verstand ihren Trübsal gar nicht, denn es fand, mehr als eine Suhle und leckeres Essen brauche es nicht zum glücklich Sein. Mit dieser traurigen Eselin war eh nichts anzufangen, deshalb wandte es sich auch rasch wieder ab und grunzte satt und zufrieden vor sich hin, während der Eselin nur dieses karge, schlammverspritzte, bittere Gras blieb. Sehnsüchtig blickte sie auf die Weide, voller Verlangen dachte sie an den süßen Honig, einsam sah sie der Eselherde zu und wünschte sich, sie könne einfach sein, wie die anderen grauen, hellen oder graubraunen Esel. Warum musste sie auch ein rotes Fell haben? „Das ist ganz uneselisch!" hatten ihr die anderen Esel gesagt und „uneselisch" war auch ihre Lust auf Honig oder ihre Sehnsucht nach Abenteuer. Als sie noch auf der Weide bei den anderen war, trabte sie oft zum verbotenen Zaun und spähte hindurch, aber niemand hatte je verstanden, warum es sie so nach draußen zog in eine unbekannte, bedrohliche Welt, wo es hier doch alles gab, wonach es einem Eselherz verlangte. Ja, so war das wohl für alle Anderen, aber egal, wie sehr sie es versuchte, es ihnen gleichzutun, sie war und blieb einfach anders.

Ihr war die Welt hinter den Zäunen nicht groß genug. Wenn dunkle Wolken einen Sturm ankündigten, wollte sie sich nicht im Stall verbergen, sondern draußen durch den Wind rennen und die Regentropfen auf dem Fell spüren, aber rennend, jauchzend und springend und nicht angebunden und frierend, so wie jetzt.

Trostlose Tage vergingen, sie versuchte, nicht mehr auf die Häme der anderen Esel zu achten, sie verlor ihren Appetit und jegliche Freude. Schließlich war ihr auch die Fellpflege egal, sie ließ die

Schlammspritzer trocknen und irgendwann stand sie auch nicht mehr auf. Die anderen Esel vergaßen sie und dem Schwein war sie eh egal. Die Welt versank in einem langen, düsteren und grauen Traum.

Der Bär lauschte geduldig und kraulte sanft die langen roten Ohren seiner Freundin. Das beschwichtigte die aufgewühlte Seele und sie erinnerte sich der Freiheit, die sie nun gefunden hatte, blickte zu den Sternen und ins herrlich wärmende Feuer, fühlte die Nähe ihres Freundes und rollte sich zufrieden in ihre Grasmulde. Der Bär saß noch lange am Feuer und dachte nach. Schließlich bedeckte er die Glut umsichtig mit Sand und Steinen, goss einen großen Kessel Wasser darüber, dass es nur so zischte und die Ohren der Eselin im Schlaf kurz zuckten, dann suchte er sich eine weiche Stelle auf dem Moos und sank in einen wohlig brummenden Schlummer.

Lektionen in Sachen Würde

„Du hast mir nie verraten, wie Deine Geschichte weiterging", sagte der Bär eines Morgens, als sie sich zur letzten Hufbehandlung trafen. Es war über Nacht deutlich kühler geworden, so als habe die Natur voller Ungeduld ein ganzes Kapitel überschlagen und die Eselin war fröstelnd aufgewacht. Sie spürte, dass sie sich einen Unterschlupf suchen musste, oder noch viel besser, sie würde sich einen bauen und der alte Bär würde stolz auf sie sein.

Sie wusste nicht recht, warum ihr das so wichtig war, aber irgendwie wollte sie ihm beweisen, dass sie für den wilden Wald geradezu geschaffen war. Sie sehnte sich natürlich nach Anerkennung, denn das kannte sie ja vorher nicht. "Halt," dachte sie, das stimmt nicht ganz, sie hatte sie ein einziges Mal gesehen, im Blick des Hütehundes eines Schäfers, der kurz vor ihrer Flucht die Herde auf den unendlichen Wiesen hinter dem verbotenen Zaun weiden ließ. Eben daran musste sie gerade denken, als der Bär sie danach fragte, wie ihre Geschichte weitergegangen war. Er hatte wieder etwas Honig mitgebracht und die kleine rote Eselin war ganz stolz, weil sie auch nicht mit leeren Hufen gekommen war.

Schon am gestrigen Spätnachmittag hatte sie ein paar dicke Moosbeeren und Pilze gesammelt, ein paar kleine wilde Äpfel und ein paar dieser süßen harten Früchte, die der Bär Maronen nannte. Sie hatte das schon seit Tagen geplant und dafür den Topf geliehen, den der Bär immer für seine Medizin verwendete. Es war wirklich sehr anstrengend gewesen, das alles heil im Maul zurückzutragen. Lippe, Zähne und sogar die Nüstern taten ihr weh vor Anstrengung, aber sie war unwahrscheinlich zufrieden mit sich, als sie den lächelnden, anerkennenden Blick des Bären sah. Der breitete alles vorsichtig auf sauberes Moos, wusch den Kessel aus, bereitete eine letzte Medizin darin für sie zu, wusch den Kessel erneut und gab dann Pilze, Maronen, Wurzeln und ein paar Kräuter in den Topf. „Nun warte mal, was das für ein herrliches Mahl ergibt." brummte er zufrieden und freute sich, weil die Eselin auch etwas geben wollte, nicht nur nehmen.

„Ich danke Dir, kleine Rote", sagte er anerkennend und sie strahlte vor Stolz und Glück. Auch das bemerkte der alte Bär und verstand. Er wiederum hatte mit scharfen Steinkanten an einer zweiten Schale geschnitzt und reichte diese nun lächelnd seiner Freundin, die ihr Glück kaum fassen konnte. „Das ist das erste Geschenk in meinem ganzen Leben!" rief sie gerührt und drückte sich an den Bären. Der freute sich, war aber schon ein wenig verlegen. Unbeholfen klopfte er auf ihren Kopf und zupfte sie ein wenig an den langen Ohren, dass sie kurz auflachte und sich schüttelte.

Dann hielt sie plötzlich inne, wurde wieder ernst und meinte dann: „Nein, das stimmt eigentlich so nicht. Ich habe schon einmal ein Geschenk erhalten. Jemand hat mich an meine Würde erinnert und mir damit das Leben gerettet."

Nun war der Bär aber wirklich gespannt. Doch sie aßen erst und ihr Mahl war köstlich. Zum Nachtisch gab es Honig und noch ein paar Heidelbeeren und sie saßen satt und zufrieden am kleinen Feuer. Die Eselin war nicht mehr mager und knochig, sondern hatte einen schönen, rundlichen Körper bekommen. Ihr Fell glänzte und der Bär ertappte sich immer mal wieder dabei, wie er ihren runden Po betrachtete, ihre gestärkten Flanken und das Spiel ihrer erstarkten Muskeln in den prallen Schenkeln, die ihn irgendwie an eine Bärin erinnerten, kraftvoll wie sie waren. Die Bewegung im Wald und das gesunde, kräftige Essen hatten ihr gut getan, sie sah jetzt gesund aus und stark, wie ein junger Bär, schmunzelte der alte Bär in sich hinein. Da setzte sie ihre Geschichte fort.

„Ich hatte jegliches Zeitgefühl verloren, aber was noch schlimmer war, ich hatte keine Hoffnung mehr. Mir war es völlig gleich, was mit mir geschehen sollte, dass mein Fell verfilzte, dass ich immer dünner und schwächer wurde. Ich war im Selbstmitleid gefangen und ich hatte jegliche Würde verloren, und vielleicht war das sogar das Schlimmste von allem," erzählte sie ruhig und eher nüchtern, als wäre es ihr wichtig, jetzt nicht selbstmitleidig zu klingen. Der Bär wartete gespannt.

„Nur so am Rande meines kümmerlichen Daseins hatte ich die Schafe bemerkt, es interessierte mich einfach nichts mehr, auch nicht, dass irgendwann der Imker vorbeikam und meinte, es würde wohl nichts mehr mit mir werden und am Besten käme ich zu einem Abdecker. Ich wusste damals nicht, was ein Abdecker ist, aber die anderen Esel schienen sehr erschrocken und zum ersten Mal entdeckte ich so etwas wie Mitleid in ihren sonst so hämischen Augen, naja, zumindest bei manchen, anderen war auch das ein Grund zum Spott. Mir war es jedenfalls egal. Schlimmer als das demütigende Leben in einem Schweinepfuhl an einer ewig schabenden und kratzenden Leine konnte es ja auch nicht sein.

An dem Abend jedoch geschah etwas, das mich aus meiner Gleichgültigkeit riss, denn als ich so aus meinem dämmrigen Nebel aufschaute, blickte ich geradewegs in klare, kluge, strenge Augen, die mir direkt ins Innerste meiner Seele sahen. Ja, genauso schien es mir und ich erschrak jetzt doch ein wenig. Aber ich blieb liegen, denn ich war müde und schwach.

„Dass Du es wagst!" fauchte mich da auch schon eine strenge Stimme an. „Dass Du es wagst, Dich so gehen zu lassen! Hast Du kein bisschen Selbstrespekt und Würde, Eselin?" Mir war das unangenehm, aber auch egal. Ich erkannte nur, dass es die Hündin des Schäfers war, denn ich hatte so am Rande wahrgenommen, dass es hinter dem verbotenen Zaun ein oder zwei Wesen gab, die im dortigen Tierreich für Ordnung sorgten und für Disziplin.

Nun, ich war kein Schaf und es war mir egal, was diese Hündin von mir dachte. „Steh gefälligst auf, wenn ich mit Dir rede!" knurrte sie nun bedrohlich. Ich schnaubte und drehte ihr den Hintern zu, so gut es eben mit dem kurzen Strick möglich war. Im nächsten Augenblick spürte ich dort, im Zentrum meiner Gleichgültigkeit einen brennend scharfen Schmerz und mit einem schreienden „Iaaaaaa" war ich auf den Beinen. „Spinnst Du völlig?" fragte ich nun empört. Da spürte ich schon den nächsten brennenden Schmerz in meiner Flanke, dann noch einen und wieder einen. Ich wusste nicht, wie ich mich gegen diese wütende Tyrannin wehren sollte, mein Strick war einfach zu kurz, aber irgendwie verschwand plötzlich diese dunkle, innere Gleichgültigkeit aus meiner Seele und ich spürte blanken, brennenden, heissen Zorn. Wieder und wieder biss und zwickte mich die Hündin. Keineswegs so, dass sie mich ernsthaft verletzte, aber gerade so, dass es wirklich sehr schmerzte und in jedem Fall sehr unangenehm und demütigend war. Wieder umkreiste sie mich, aber diesmal hatte ich ihre Finte vorausgesehen und als sie herankam, trat ich aus, kräftig. Ich war leider sehr geschwächt vom langen Liegen, aber ein kurzes Aufjaulen verriet mir doch, dass ich es diesmal war, die schmerzhaft getroffen hatte.

Es war mir eine Genugtuung und nun war ich auch bereit, auf Leben und Tod mit diesem boshaften Gegner zu kämpfen, kraftlos hin oder her und wie ich das dachte, durchströmte mich neue Lebensenergie und ein kräftiges, befreiendes "Ia" drang aus meiner Kehle. Umso verblüffter war ich, als kein neuer Angriff erfolgte. Stattdessen saß die Hündin anerkennend vor mir und lächelte. „Und nun befreie Dich!" befahl sie ruhig und als ich sie verständnislos anblickte, schüttelte sie den Kopf. „Du wirst mir doch nicht sagen, dass dieser lächerliche Strick ein Hindernis für kräftige Eselszähne ist!" und zum ersten Mal betrachtete ich meine Fessel, meine tägliche und nächtliche Geißel genauer.

Warum war ich niemals selbst darauf gekommen? Wie hatte ich nur diese Demütigung, diese Fessel, die mir von außen angelegt worden war, so kampflos hinnehmen können? Wie konnte es nur geschehen, dass ich tief im Innern geglaubt hatte, dass ich angebunden und gefangen war? Ich blickte verdutzt auf die Hündin und dann auf den Strick und schließlich nahm ich ihn zwischen meine Kiefer und mahlte darauf herum. Es dauerte schon ein wenig. Erst spürte ich eine rauhere Oberfläche, dann eine Kerbe und abbröckelnde Fasern in meinem Maul und schließlich löste sich Faser für Faser, bis ich meine Fessel durchbissen hatte. „Und nun wasch Dich endlich, Du stinkst entsetzlich und schaust wirklich fürchterlich aus. Ich habe noch nie so ein ungepflegtes Tier gesehen!"

Verständnislos sah ich die Hündin an. "Waschen? Hier in der Suhle?" „Hast Du es nicht begriffen?" tadelte sie mich, allerdings mit einem Augenzwinkern. „Sieh Dich doch mal genauer um!" und ich folgte ihrem Blick. Erst sah ich es nicht, aber plötzlich bemerkte ich, dass das Gatter mit einem Strick derselben Stärke geschlossen worden war.

„Oh, ich Esel!" schimpfte ich laut und konnte es gar nicht fassen. Da hatte ich mich kampflos in mein Schicksal gefügt, dabei war die Lösung die ganze

Zeit vor meiner Nase gewesen. Nun nagte ich also den nächsten Strick auf. Zwar blutete mir ein wenig der Mund von der groben Faser, aber das war nicht wirklich schlimm, eher so wie hinfallen und ein wenig die Haut aufschürfen. Meine Beine zitterten ein wenig, ich war es nicht mehr gewohnt, so lange zu stehen. „Ja, Du hast ganz schön abgebaut, Eselin! Aber glaube mir, diese Lektion wirst Du nie wieder vergessen und nun komm mit!"

Die anderen Esel schliefen längst, das Schwein grunzte laut im Schlaf und auch der Hof lag im Dunkeln, als wir über die schöne Blumenwiese liefen, auf der inzwischen die satten Farben der Mohn-, Kornblumen und Kamille das leuchtende Gelb des Frühlings abgelöst hatten. Nicht dass ich davon im Dunkeln etwas sehen konnte, aber ich hatte tagsüber doch einen Blick darauf erhascht und etwas hatte sich wohl trotz meiner Selbstaufgabe in meinem Unterbewusstsein eingebrannt. Nun ahnte ich im Dunkeln der Nacht nur die Schönheit unter meinen Hufen, aber ich roch den Duft des Grases und der Blüten und im Vorbeigehen rupfte ich hier und da ein paar Bissen der frischen Herrlichkeit.

Ach, Freiheit und Leben, ich fühlte es wieder und ich fühlte auch ein wenig Stolz, weil ich meine Fesseln gelöst und den Pfuhl verlassen hatte.

„Wasch Dich hier!" kommandierte die Hündin und ich stieg in die Windung des kleinen Bachlaufes, der den Wiesengrund nahe des verbotenen Zaunes teilte. Bis hierher hatten wir gedurft, keiner der Esel hatte den Bach jemals durchschritten, denn es hieß, der Zaun verursache schreckliche Schmerzen. Nun war ich also hier und tauchte in den Bach, so tief ich konnte. Er war nicht sehr tief, aber ich bin ja auch nicht sehr groß und als ich mich drehte und ins Wasser legte, da fühlte ich, wie sich der festgetrocknete Schlamm langsam aus meinem Fell löste, wie eine Befreiung von all den grauen und trüben Gedanken. Die Hündin hielt Wache und wartete geduldig. Im schwachen Licht des Viertelmonds ahnte ich nur ihre Silhouette, weil sich meine Augen an das Dunkel der Nacht gewöhnt hatten. „Lass Dir Zeit. Mach Dich richtig sauber!" sagte sie „Hol Dir Deine Würde zurück!" und ich knabberte durch mein Fell und rieb mich an einem Stumpf und an großen Steinen, wusch und rieb und knabberte, immer und immer wieder, bis ich mich von all dem Dreck der vergangenen Wochen befreit fühlte. „Nun komm!" sagte die Hündin, nun ein wenig milder als vorher. Wie hoch kannst Du springen?"

Es war gewagt im Dunkeln, aber ich erinnerte mich an den Wiesengrund und vertraute meinem Instinkt. Es gab eine Stelle, da konnten wir es üben, ohne dass ich umknicken oder böse landen würde. Ich nahm ein wenig Anlauf und sprang, mehr oder weniger kläglich. „Das reicht auf keinen Fall!", sagte sie. "Du musst Dich besser anstrengen." Das tat ich, aber ich fühlte nur eine geringe Verbesserung.

Da kam die sture Eselin in mir durch und ich wollte auch meine Retterin nicht enttäuschen, denn immerhin verdankte ich ihr, dass ich auf die Beine gekommen war und mein Schicksal wieder selbst in die Hand genommen hatte. Ich nahm also Anlauf und sprang ein ganz deutliches Stück höher als zuvor. „Bravo, das hast Du gut gemacht. Es reicht noch nicht, aber bis zum Morgen wirst Du es geschafft haben. Nun ruh Dich aus, ich halte Wache!"

Erst wollte ich protestieren. Es schien mir undenkbar, nun noch die Geduld aufbringen zu müssen, bis zum Morgen zu warten. Was, wenn man mich entdecken würde, aber dann sagte ich mir, dass ich bislang mit dem Rat der Hündin und ihrer Weisheit sehr gut gefahren war, außerdem vertraute ich ihr und war mir sicher, sie würde wirklich Wache über mich halten. Warum eigentlich? „Warum tust Du das eigentlich? Wieso kümmerst Du Dich um mich?" „Weil es eben meine Art ist," antwortete sie sanft und ich wusste, dass sich hier eine wichtige Geschichte verbarg. Leider hatten wir keine Zeit dafür, denn ich sollte ja ein wenig ausruhen und von der Aufregung und Erschöpfung der vergangenen Stunde schlief ich auch rasch ein.

Die Hündin hielt Wort. Nichts entging ihrem scharfen Sinn und so horchte sie auf, als sich ein Motorengeräusch näherte. Der Wagen war noch sehr weit weg, aber die Nacht war leise und Geräusche trugen weit. Sie spitzte die Ohren, die Minuten vergingen, aber es blieb dabei, langsam näherte sich ein Wagen. Sie war jetzt gespannt, als müsste sie jeden Augenblick ihre Herde beschützen, doch dort war jetzt der Schäfer und ihr Gefährte hielt Wacht, ein großer mutiger Hütehund, der gerade jetzt die Ohren ebenfalls stellte und leise knurrte.

Schließlich kam der Motorenlärm näher, dröhnte einen Augenblick so laut, dass die Hündin fürchtete, der ganze Hof müsse davon wach werden, doch dann fuhr der Wagen vorbei. Sie atmete auf. Es war nicht wirklich klar, warum, aber die Hündin meinte, sie habe eine entsetzliche Bedrohung gewittert, irgendetwas, das nur der roten Eselin gelten konnte. Sie wusste, sie konnte ihren Sinnen vertrauen, aber offensichtlich war sie diese Nacht besonders angespannt. Mit Erleichterung lauschte sie nun, wie sich der Motorenlärm entfernte. Langsam ahnte man den Tag, ganz, ganz leicht schien es etwas heller zu werden. Sie würden jetzt noch einmal üben müssen. „Eselin!" rief die Hündin sachte und wollte ihr gerade raten, sich mit ein paar kräftigen Gräsern zu stärken und aufzuwärmen, da stutzte sie und lauschte erneut in die Nacht.

Da war es wieder, dieses penetrante Geräusch des

Motorenlärms. Es war das gleiche Fahrzeug und es hatte gewendet. Diesmal kam es näher und ihr Fell sträubte sich. „Du bist in Gefahr!" rief sie mir zu, als ich mich verschlafen streckte und eben erste Übungen machte, mich dehnte und leicht über die Wiese trabte. „Beeil Dich, rasch, Du musst den großen Sprung üben!" Die Hündin wurde immer aufgeregter. Es war nun wieder ein wenig heller geworden und endlich konnte man den Zaun sehen, aber nicht nur ihn, auch den kleinen Draht, der knapp oberhalb entlang führte und schreckliche Schmerzen bereiten konnte. Ich kann Dir nicht sagen warum, Bär, aber plötzlich begann ich, mich schrecklich zu fürchten, denn nun nahm auch ich den nahenden Motor wahr und hatte plötzlich das Gefühl, dass es hier um mein Leben ging.

Da fuhr ein Fahrzeug in den Hof und innen ging ein Licht an. „Der Abdecker!" rief die Hündin aufgebracht, „Du musst hier weg, sofort! Wir haben keine Zeit zu verlieren!" Die Hoftür öffnete sich und einen Moment lang wehte der Duft von Kaffee aus dem Haus. Der Imker begrüßte den Ankömmling und winkte ihn herein, der Abdecker folgte und beide Männer verschwanden nach innen.

„Jetzt oder nie!" rief die Hündin und trieb mich zu einer Stelle, die ein wenig niedriger war, als der Rest des Zaunes. Hier waren ein paar Planken angebrochen und der verbotene Zaun hatte sich einen halben Meter gesenkt. Die Stelle war nicht sehr breit, aber immer noch höher als der höchste Sprung, den ich je in meinem Leben gewagt hatte.

Ich wusste, ich hatte nur den einen Versuch. So aufgeregt ich zuerst war, plötzlich wurde ich ganz ruhig. Es ging um mein Leben, das war mir nun klar. Ich wusste nicht, was ein Abdecker war, aber ich wusste, ich sollte diesen Morgen nicht überleben und ich wusste noch viel deutlicher, dass ich eines wirklich wollte, mit aller Seele wollte: ich wollte leben! Kraft strömte mir durch alle Poren, ich atmete ganz tief durch und nahm Anlauf.

Dann sprang ich, ich sprang um mein Leben, ich sprang so hoch, wie noch nie vorher ein Esel gesprungen war und im nächsten Augenblick war ich über den verbotenen Zaun hinweg. Leider war meine Landung nicht so perfekt und ich schrie vor

Schmerzen auf, als mein Vorderhuf einen scharfkantigen Stein traf und sich verletzte, aber dann spürte ich nur noch unbändige Freude und unbändigen Stolz. „Lauf Eselin, lauf!" rief mir da die Hündin zu und ich ahnte, dass die Hoftüre wieder geöffnet worden war und die beiden Männer nun zur Schweinesuhle gingen.

Aber dort war ich nicht mehr, ich war hier und obwohl mein Huf bei jedem Schritt schmerzte, rannte ich voll wilder Freude! Ich war frei, frei wie der Wind und die Welt der Abenteuer stand mir offen. Ich rannte und rannte. Todesangst und Lebensfreude hatten mir Kraft gegeben und meine schwachen Muskeln fühlten den Willen durchzuhalten. Ich rannte ein Stück weit der Straße, dann jedoch verbarg ich mich auf kleinen Wegen, rannte Pfade, die ich nie zuvor gesehen hatte, umging Höfe und Orte und rannte, bis ich in ein kleines Dickicht kam. Dort fiel ich fast auf den Boden, schweißbedeckt und atemlos. Ich schaute nicht zurück.

Inzwischen war es taghell, aber ich schlief nun tief und lange. Als ich erwachte, spürte ich einen warmen Körper neben mir und blickte in die lächelnden Augen der Hündin. Sie hatte mich natürlich gewittert und war mir heimlich gefolgt. „Das hast Du gut gemacht, Eselin! Jetzt kannst Du wirklich stolz auf Dich sein und bevor ich mich verabschiede, möchte ich Dir noch ein paar Dinge auf den Weg geben. Ein paar davon hast Du bereits gelernt:

Verliere Dich nie in Selbstmitleid und glaube niemandem, der Dir Fessel anlegen will oder der Dir sagt, dass Du etwas nicht kannst, glaube nie jemandem, der Dir sagt, dass Du Dich erst ändern musst, um dazu zu gehören oder dass Du Dich verändern musst, um akzeptiert oder geliebt zu werden. Es gibt sichtbare und unsichtbare Fesseln. Befreie Dich davon! Befreie Dich, bevor sie Dir die Kraft rauben. Pflege und wasche Dich immer, ganz egal, wie Du Dich fühlst, ob Du jung bist oder alt, dick oder dünn.

Das Leben kann sehr unfair sein und andere Wesen auch, das hast Du bereits erfahren, aber Du kannst Deine Würde behalten, ganz egal, was das Leben mit Dir macht. Behalte immer Deine Würde und verliere niemals Deine Selbstachtung. Je elender Du Dich fühlst, desto stolzer trittst Du Deinen Feinden entgegen. Es ist keine Schande, sich schwach, traurig oder auch mutlos zu fühlen, aber gib Dir dafür nur einen kleinen, zeitlich begrenzten Moment, überschlafe die Schwäche und beginne den anderen Tag mit neuer Kraft.

Je mehr man Dir sagt, Du kannst etwas nicht, desto mehr denke „jetzt erst recht!" Du bist doch eine stolze, sture Eselin! Lass Dich nie mehr unterbuttern und erinnere Dich an diese Nacht, an diesen Sprung, an den wahrhaft größten Sprung, den ich jemals gesehen habe und vergiss niemals mehr, dass Du einen Quell der Kraft in Dir trägst, so lange Du das Licht der Hoffnung nährst. Gib niemals auf, verliere nie den Mut, verliere nie die Hoffnung, und damit verabschiede ich mich."

Ich dankte ihr, aber ich weiß nicht, ob sie mich noch hörte. Schnell wie ein Blitz hatte sie sich gedreht und war den ganzen weiten Weg wieder zurückgelaufen, wo ihr Gefährte auf sie wartete, ihre Pflichten und die streichelnde Hand eines gütigen Schäfers.

So war es, so war ich meiner Gefangenschaft entronnen," endete die Eselin ihre Geschichte, während der Bär aufmerksam und beeindruckt gelauscht hatte. Er lächelte und war sehr stolz auf seine Freundin und er verstand nun auch, warum sie sich immer wieder herausforderte, Dinge auszuprobieren, die sie auch einfacher hätte haben können.

Sehnsucht

Der nächste Morgen überzog den Himmel mit düsteren Wolken, so dass es gar nicht Tag zu werden schien. Die Eselin blickte nach oben und fror. Sie musste jetzt wirklich mit ihrem Unterschlupf beginnen. Inzwischen war ein heftiger Wind aufgekommen, der eisige Luft mit sich führte und die Wipfel der Tannen hin- und herschüttelte. Hier sah man es kaum, aber draußen, außerhalb des Waldes wurden gerade die letzten Blätter von den Bäumen geweht.

Wie gewohnt, machte sich die kleine Rote auf den Weg zum so liebgewonnenen Platz der Heilung. Dort wartete sie auf ihren Freund und freute sich auf seine volltönend brummende Stimme, den Anblick seines starken Körpers, darauf, wie er ihr zuhörte und selbst erzählte oder mit ihr dasaß und dem Bachplätschern lauschte. Es war einfach nur wunderschön, in seiner Nähe zu sein und in solchen Momenten fühlte sie tiefen Frieden und eine ganz neu empfundene Zugehörigkeit.

Der Bär war ihre Herde, das fühlte sie, manchmal fühlte sie aber auch ein seltsames Herzklopfen, eine Unruhe in ihrem Innern, ein Sehnen und ein Ziehen, das sie nicht verstand, aber es tat ihr immer gut, dann ihren Freund einfach um sich zu wissen. Sie dachte an all die schönen Momente mit ihm, an das Herumtollen, Lachen und immer wieder daran, wie schön warm sich sein Pelz angefühlt hatte, als er sie tröstete und in den starken Bärenarmen hielt. Ihr kleines Eselinnenherz schlug richtig, wenn sie daran dachte und sie freute sich auf ihren Morgenplausch. Sie hatte ein paar Eicheln gesammelt und war sich sicher, der Bär könnte auch damit wieder etwas herrliches zubereiten.

Inzwischen war der Wind zu einem Sturm geworden. Die Bäume knarrten und stöhnten, der Wind peitschte durch die Wipfel und Regen prasselte hart auf die Erde. Aber die Eselin wartete geduldig, denn „Geduld ist wichtig!", hatte ihr der Bär gesagt.

Der schlief unterdessen noch tief und selig in seiner warmen, geschützten Bärenhöhle, satt von einem guten Mahl und tief empfundener Zufriedenheit. In der Nacht hatte er schon den Sturm bemerkt und war ganz froh, dass die Heilbehandlung nun zu Ende war. Das war freilich kein Wetter, um draußen durch den Wald zu streifen. Er fragte sich, ob die kleine Rote es gerade auch gemütlich hatte, aber dachte, sie wüsste ja, wo das alte Schaf seinen Unterschlupf hatte. Dort könnten sich die Beiden Gesellschaft leisten und wärmen. Ja, so war es wohl das Beste. Er dachte an ihre Verrücktheiten und an ihren Übermut, an ihre neugierigen langen Ohren, an ihre vergeblichen Versuche, sich hinter Bäumen zu verstecken und schlief zufrieden brummend und leise lachend wieder ein.

Heute war sein Höhlentag. Bären brauchen Höhlentage, da wollen sie einfach nur für sich sein, in Ruhe gelassen werden und sich um gar nichts anderes kümmern müssen. So ist das eben. Die Eselin wusste davon nicht viel, alles was sie wusste war, dass sie zwischenzeitlich völlig durchnässt und durchgefroren war. Zwar war ihr die letzten Wochen ein dichteres Fell gewachsen, aber diese unerbittliche nasse Kälte zog ihr doch durch die Knochen. Am schlimmsten fühlte sich jedoch diese innere Kälte an, als sie merkte, dass der Bär gar nicht kommen würde.

Da dachte sie noch einmal über jedes einzelne Wort nach, das er gestern gesprochen hatte. Ja, er hatte die letzte Behandlung erwähnt. Aber sie dachte, dass sie sich dann trotzdem morgens treffen würden, weil es doch so schön zusammen war. Sie hatte das einfach vorausgesetzt, dass er die Zeit auch so genossen hatte. Er sah so zufrieden aus und er wollte doch auch ihre Freundschaft. Aber was, wenn sie ihm gar nicht so wichtig war? Erschrocken dachte sie an die Häme der anderen Esel. Sie wollten sie doch auch nicht, vielleicht lag es ja an ihr? Aber nein, sie hatte sich doch nicht getäuscht, sie hatten so schöne Tage verbracht. Aber was hatte er noch einmal genau gesagt, es sei die letzte Behandlung gewesen. War das vielleicht ein Abschied? Hatte sie ihn nur nicht richtig verstanden? Aber nein, es hatte sich doch gar nicht nach Abschied angefühlt.

Die kleine rote Eselin verstand noch nicht viel von diesen Dingen, weil sie es ja nie besser gelernt hatte. Was sie kannte, waren Ablehnung und wie leicht es den anderen Eseln gefallen war, sie wegzustoßen. Sie dachte an den Imker, der sogar den Abdecker bestellt hatte und eine tiefe, uralte Angst kroch sich in ihre Seele. Kraftlos sank sie auf das Gras und rollte sich ein. Am liebsten wäre sie so geblieben, aber dann erinnerte sie sich an die Hündin und an die Lektion, die sie gelernt hatte. Sie erinnerte sich an den größten Sprung, den je eine Eselin gewagt hatte und ihre Selbstachtung kehrte zurück und gab ihr die Kraft, sich zu erheben. Sie war kein Spielball anderer Launen, dachte sie nun trotzig und erhob sich.

"Ich baue mir jetzt meinen Unterstand!" und damit trottete sie stolz erhobenen Hauptes davon.

Ein Unterstand

Es stürmte und regnete den ganzen Tag und auch den nächsten und den übernächsten. Der Bär verschlief die meiste Zeit in seiner Höhle, lächelte, wenn er an die rote Eselin dachte und freute sich auch, über die Zeit alleine, über das Ausruhen und die Vorräte, die er herangeschafft hatte. Er freute sich über die große, warme Höhle, die schon Generationen von Bären trocken und sicher durch jede Jahreszeit gebracht hatte und er schabte sich im Halbschlaf wohlig an einer der Felskanten, die gerade richtig kamen, um seinen kräftigen Pelz zu verwöhnen. Er schlief und brummte, und seine Welt war gut.

Die kleine Eselin war Morgen für Morgen zu dem Platz an der Baumstammbrücke gekommen, nur um wieder und wieder alleine zu bleiben. Da ließ sie enttäuscht die Ohren hängen, zumindest einige Momente lang, bis sie sich erneut das Bild ihres Sprunges in Erinnerung rief und zurück trabte, um ihren Unterschlupf weiterzubauen.

Das erwies sich als ein sehr schweres Unterfangen. Sie versuchte zunächst lange Äste zusammenzutragen und diese mit der Kraft ihres Maules zu drehen. Das war mühsam, schmerzhaft und voller Rückschläge, wenn wieder einmal alles in sich zusammenfiel.

Ach, hätte sie nur solche Tatzen wie der Bär, dann würde es sicher so viel leichter gelingen. Der Bär, sie könnte ihn doch um Hilfe bitten, dann wäre ihr Unterschlupf sicher im Nu fertig, so wie der trockene und warme Unterschlupf des alten Schafs. Aber nein, sie war zu stolz, den Bären zu fragen, vor allem, wo er ihre Freundschaft offensichtlich so gar nicht vermisste. „Ja," dachte sie bitter, „vielleicht wollte er mich wirklich einfach nur heilen und ansonsten bin ich ihm eben egal."

So arbeitete sie verbissen weiter und im Herzen wusste sie, dass sie sehr ungerecht war. Als sie sich mit weiteren vergeblichen Versuchen völlig erschöpft hatte, saß sie da und weinte. Als sie sich auch damit erschöpft hatte, atmete sie tief durch. „Und ich schaffe es doch!" dachte sie trotzig, stand wieder auf und versuchte es erneut.

Diesmal suchte sie lange, bis sie einen besseren Baum fand, einen mit mehreren Astgabelungen und Stützzweigen. Ja, dort würde sie ihre Hütte bauen. Sie musste also all die Äste ein weiteres Mal heranschleppen und plagte sich, Stück für Stück, bis es ihr endlich gelungen war, ein paar davon mit den Ästen und Zweigen des Baumes fest zu verbinden. Stolz durchflutete sie! Nein, sie würde nicht aufgeben! Niemals! Sie würde es alleine schaffen und das tat sie auch! Sie arbeitete den ganzen Tag, den nächsten und den übernächsten. Den Platz der Heilung suchte sie nun nicht mehr auf.

Eine Woche war vergangen und endlich hatte der schreckliche Sturm nachgelassen. Wie verzaubert schien die Welt, als Sonnenstrahlen die Tropfen an Sträuchern, Zweigen und Gräsern zum Funkeln brachten, als bestünde die ganze Welt aus zahllosen Leuchtperlen und funkelnden Diamanten. Die Eselin war stolz und glücklich, denn ihr Unterschlupf war fertig und die letzten zwei Sturmnächte hatte er sie warm und trocken gehalten. Sie hatte wirklich gute Arbeit geleistet und die Zwischenräume mit Grasbüscheln und Schlamm gestopft, als sie sicher erinnert hatte, wie die Lehmmasse des Bären in der Sonne hart geworden war. "Der Bär, ja, der liebe Bär." Ihre Empörung hatte sich längst gelegt und sie dachte voller Dankbarkeit, wie viel sie ihm verdankte. Er hatte ihr soviel Zeit geschenkt, sie geheilt und ihr nebenbei so einiges gelehrt. Sie wusste nun, dass ihre aufgebrachten Gedanken ihm gegenüber sehr ungerecht gewesen waren und sie empfand darüber ein gewisses Maß an Schuld und Scham.

Sie streckte sich und überlegte, ob sie zum Platz der Heilung gehen sollte, aber dann entschied sie sich dagegen. Ich muss das jetzt loslassen, dachte sie, so wie ich meine alte Heimat loslassen musste oder den Gedanken, irgendwo dazuzugehören. Sie dachte einen Augenblick an die Hündin und wieder fühlte sie Dankbarkeit. Sie hatte im Leben so einige, sehr wichtige Hilfen erhalten und nun stand sie vor ihrem selbst gebauten Unterschlupf und fühlte die Kraft der eigenen Hufe. „Ich glaube, das Glück steckt in mir selbst," dachte sie verwundert. Da fing sie plötzlich an zu jauchzen und zu springen und wie eine Wilde um ihr Werk herumzutanzen: „Ich habe eine ganz uneselische Hütte und das ist gut so, ihr lahmen Esel! Mit Euch ist eh nichts los, ihr seid mir viel zu eselisch! Das ist langweilig!"

Sie stellte sich die missbilligenden Gesichter vor und lachte, dann fand sie eine große Pfütze und sprang übermütig hinein. Ja, sie ließ sich sogar hineinfallen und wälzte sich, bis sie über und über mit Schlamm bedeckt war. Sie lachte vergnügt und hatte einfach Spaß, aber irgendwann trottete sie zu einem der zahlreichen kleinen Bachläufe und wusch sich in dem eisigen Wasser.

„Brrrrrrr, ist das kalt", dachte sie und schüttelte sich das Fell, das nun herrlich warm und buschig, sauber und glänzend war. Sie betrachtete ihr Spiegelbild im Bach und fand, dass das rote Fell wunderschön war. Warum hatte sie das früher nicht bemerkt? Sie hatte den anderen Eseln einfach geglaubt, dass sie uneselisch war und sich damit auch als hässlich und wenig liebenswert empfunden, aber der Bär hatte ihr Fell gemocht und sie mochte es nun selbst. „Ach Bär," dachte sie sehnsüchtig.

Dann bekam sie plötzlich einen gehörigen Schreck. Was, wenn ihm in Wirklichkeit etwas passiert war? Was, wenn er die ganze Zeit krank in seiner Höhle gelegen hatte und niemand war ihm zu Hilfe gekommen? Sie hatte nur an sich gedacht, wie sie sich selbst fühlte, wie sehr sie ihn vermisste, was aber, wenn es in Wahrheit sie gewesen war, die ihn nun in Stich gelassen hatte? So schnell sie konnte, trabte sie los. Sie war voller Panik. Wenn dem Bären nun wirklich etwas passiert war! Der Gedanke war einfach nicht auszuhalten.

Versuchung

Der alte Bär hatte unterdessen einen herrlichen Morgen verbracht. Endlich war dieses Sauwetter vorüber und der Tag begrüßte ihn mit den Sonnenstrahlen des Spätherbstes, die an windgeschützten Stellen noch angenehme Wärme verbreiteten. Ja, das war ein geradezu perfekter Tag zum Herumstromern. Vielleicht sollte er auf seinem Weg mal wieder das alte Schaf besuchen und die kleine Rote, die sicher schon ganz zappelig war, endlich wieder durch den Wald laufen zu können, aber eigentlich wollte der Bär noch ein wenig für sich sein. Er hatte die Gesellschaft der Eselin sehr genossen und freute sich auch auf sie, aber er war es doch so sehr gewöhnt, für sich selbst zu leben. Er brauchte einfach diese Zeit und seine Alleingänge, das lag in seiner Natur. „Ja," entschied er da, „heute mache ich meine große Bärenrunde durch mein Revier und wer weiß, vielleicht tauchen ja irgendwo mal rote Ohren hinter Bäumen auf, obwohl, nein, heute noch nicht, heute schreite ich die anderen Pfade ab."

So trottete er los.

Die Eselin war den ganzen Weg gerannt und nun stand sie endlich vor der alten Bärenhöhle. Sie war atemlos, aber auch nervös. Noch nie war sie näher an diese Höhle herangekommen, geschweige denn, darin gewesen. Es war das Bärenreich und der Bär wollte hier alleine sein. Sie fühlte sich hier nicht willkommen, aber nun ging es ja nicht um sie. „Wenn der Bär krank ist, dann muss er hier liegen," dachte sie und ging nun entschlossen zum Eingang.

„Bär?" rief sie und wartete eine Weile. Sie lauschte gespannt, aber da war auch kein Brummen, gar nichts, kein Laut. „Bär!" rief sie erneut, dann fasste sie sich ein Herz und trat herein. Im Innern war es warm und trocken und es duftete nach Heu, nach dem warmen Pelz des Bären, nach Wurzeln und Kräutern, nach getrocknetem Obst und nach Honig. „Hoooonig!" dachte sie sehnsüchtig und ging ein wenig tiefer in die Höhle. Dort fand sie auch das zweite Bärenlager. Das erste war ganz nahe des Eingangs gewesen, dort schlief der Bär an heißen

Sommertagen oder wenn er dem Raunen des Regens lauschen wollte, genoss die frische Luft, aber gleichzeitig auch die Geborgenheit seiner Höhle. Das zweite Lager war für die eisige Winterzeit. Man konnte den Zugang mit Schafsvlies und Heu ausstopfen, sich einrollen und die kalte Zeit trocken und warm verschlafen. Doch auch dort war kein Bär zu sehen.

Aber der Duft des Honigs drang von hier noch unwiderstehlicher in ihre Nüstern und sie trippelte ganz vorsichtig zu den zahlreichen Vorräten. Eine ganze Ecke voller Honigwaben und Honigtöpfen stand dort und es schien der Eselin ein Paradies auf Erden zu sein. Aber es war nicht ihr Paradies und seine Freunde bestiehlt man natürlich nicht. So sehr es sie Überwindung kostete, so sehr zwang sie sich, den Honig stehen zu lassen und die Waben nicht anzurühren, aber dort auf einem Stein, da stand ein offenes Schälchen Honig und ein kleines Wabenstück lag dort, als sei es bei einem Mahl vergessen worden. „Zu schade, um schlecht zu werden!" dachte die Eselin, stopfte es rasch in den Mund und schon hatte sie auch die Schale ausgeschleckt. „Sie war doch übrig", dachte sie, als sie plötzliche Zweifel fühlte. „Oder hätte ich das jetzt nicht machen dürfen?"

Aber es war schon zu spät und ihr war mit einem Mal ganz bang. Sie war gekommen, um nach ihrem Freund zu sehen, aber stattdessen stand sie hier bei seinen Vorräten und naschte ihm die Honigschale leer. Ja, sie spürte jetzt ganz genau, dass das so nicht richtig gewesen war. Sie hatte ihn nicht bestehlen wollen, sie hatte den Töpfen und Waben widerstanden, warum nur war sie danach nicht stärker gewesen? Aber sie würde es wieder gut machen!

Sie würde erneut zu den Wildbienen gehen und dem Bären die Schale Honig und das Wabenstück ersetzen. Doch, das war der richtige Weg – und damit ging sie zielstrebig davon. Sie hatte noch immer Sorge um ihren Freund und sie würde ihn weiter suchen, aber erst würde sie den Schaden wieder gut machen, koste es sie, was es wolle.

Die Wanderbärin

Unterdessen war die Wanderbärin wieder in der Gegend. Sie war vor Jahren für einige Zeit Gefährtin des alten Bären gewesen, aber sie hatten sich nicht sonderlich gut verstanden. Er wollte einfach in seiner geliebten alten Bärenhöhle und in diesem düsteren Wald verbleiben, während es sie nach draußen in die Welt zog. Eines Tages hatte sie ihn wortlos verlassen, ohne sich je von ihm zu verabschieden. Sie fühlte keine Reue deshalb, es war eben ihre Art. Sie ging wohin sie wollte, sie nahm sich, was sie wollte und wann sie es wollte.

Im Augenblick wollte sie nur eines: würzig süßen Honig, wie ihn der Bär in großen Mengen lagerte, sie wollte sich daran satt fressen und dann würde sie weiterwandern, noch bevor der alte Bär zurückkommen und den Raub bemerken würde. Dass ihr das gelingen sollte, war vollkommen gewiss, denn sie hatte ihn am Morgen auf den alten Pfaden wandern sehen, die sie früher gemeinsam abgelaufen waren. Er konnte sie nicht wittern, weil sie achtsam war, erfahren und gegen den Wind stand. Außerdem hatte sie sich ausgiebig im verrotteten Herbstlaub gewälzt, um ihn nicht auf sich aufmerksam zu machen. Sie achtete darauf, keine Zweige zu knicken und auch sonst keine leicht sichtbaren Spuren zu hinterlassen, als sie endlich vor der Höhle stand.

Ohne Skrupel ging sie hinein und wenig später griff sie nach den köstlichen Honigwaben und labte sich satt daran. Es war herrlicher als alles, was sie in Erinnerung hatte. Sie fraß Wabe um Wabe und öffnete einen Honigtopf, um ihn ganz zu leeren. Dabei kippte ein anderer, bekam einen Sprung und sein Inhalt ergoss sich zähfließend über den Boden. Eine Schale fiel herunter und zerbrach, aber darauf achtete sie nicht weiter.

Die letzten Waben packte sie in ein Bündel Blätter, das auf einem Steinsims gelegen hatte und auf dem Rückweg verwischte sie vorsichtig ihre Spuren. Dabei bemerkte sie auch ein paar Hufspuren und wunderte sich einen Augenblick, aber dann kümmerte sie sich nicht weiter darum. Es war unerheblich. Sie verwischte auch draußen ihre

Spuren und machte sich mit ihrer Beute von dannen. Die Welt wartete auf sie und sie würde dem Ruf der Wanderlust folgen, wie immer.

Bei den Wildbienen

Inzwischen war die Eselin bei den Wildbienen angekommen. Sie hatte gelernt, wie der Bär es machte, aber sie konnte einfach kein Feuer entzünden, sich nicht mit Rauch schützen, den einzigen Schutz, den sie hatte war die Kälte der Jahreszeit und sie hoffte, dass die Bienen nun verschlafen waren. Sie wusste bereits vom Bären, dass sie den Stock behutsam öffnen und wieder verschließen musste, damit die Bienen überleben konnten, sie durfte auch nicht alle Waben nehmen. Es gab so vieles mehr zu bedenken, aber sie hatte nun ein sehr dichtes Winterfell, sie hatte große Blätter aus den Laubhaufen am Waldesrand gezogen, die noch nicht verrottet waren und sie war innerlich auf ihre Aufgabe vorbereitet. Ganz vorsichtig öffnete sie einen der Bienenstöcke und tatsächlich hingen die Bienen darin zusammen, wie eine schlafende, sanft vibrierende Traube. Alle hingen um eine der vorderen Waben und bargen die Königin unter sich, während die hinteren nahezu frei waren. Sie zog zwei der hinteren Waben heraus, streifte die paar einzelnen Bienen vorsichig ab, so dass sie zu ihren Artgenossen fanden und deckte den Stock wieder zu. Die Waben legte sie lächelnd auf die Blätter.

Das war sehr einfach gegangen. Sie blickte auf den nächsten Stock, aber der war zu hoch oben an einem der dicken Äste angebaut. Da konnte nur der Bär etwas ausrichten, aber tiefer vorne, da entdeckte sie noch einen Bienenstock und wieder arbeitete sie sich behutsam vor, schonte die kleinen Tiere, ließ ihnen genug Vorrat und nahm sich hier nur eine Wabe, denn der Bau war kleiner. Sie verschloss alles und ging stolz und zufrieden zu ihrer Beute zurück. Nun kostete sie von einer der Waben, aber nur ein wenig, denn den Rest wollte sie dem Bären schenken, nicht nur als Entschuldigung, sondern auch, weil sie sich für seine Behandlung bedanken wollte, für alles, was er sie gelehrt hatte.

Sorgsam packte sie die Waben ein und glücklich lächelnd machte sie sich auf den Weg.

Blindwütiger Zorn

Unterdessen war der alte Bär zurück gekommen. Er hatte einen herrlichen Tag verbracht. Erst der gemütliche Morgen, dann diese wundervollen Streifzüge entlang der alten Pfade, die er schon eine Weile nicht mehr abgelaufen war. Er hatte sogar ein paar Spätherbstpilze gefunden und freute sich auf eine köstliche Mahlzeit. Als er die Höhle betrat, witterte er Herbstlaubmoder und den Duft der kleinen Roten, auch entdeckte er ein paar ihrer Hufspuren, allerdings hatte sie offensichtlich versucht, diese zu verwischen. Er runzelte die Stirn und legte sein Bündel ab. Sehr, sehr merkwürdig.

„Eselin?" rief er brummend und ärgerte sich bei dem Gedanken, dass sie einfach in seine Höhle gegangen war, noch dazu in seiner Abwesenheit. Natürlich kannte er ihre Neugierde, aber bislang hatte sie unausgesprochen sein Reich akzeptiert.

Eine ungute Ahnung überkam ihn, aber sie würde doch nicht so durchtrieben sein, nicht die kleine, rote, geradlinige Eselin, die er doch für so ehrlich gehalten hatte. Aber dann blieb sogar ihm der kräftige Bärenkiefer offen, als er erst fassungslos, dann in unbändiger Wut und Enttäuschung die Verheerung in seinem Honiglager fand. All die köstlichen Waben waren verschwunden, seine Lieblingsschale lag zertrümmert auf dem Boden und einer seiner Honigtöpfe lag zersprungen daneben, der Honig aufgelaufen und lieblos liegengelassen. Vielleicht war es sogar dieser Mangel an Achtsamkeit und Respekt, der ihn am meisten erzürnte.

Eine rasende, wilde Wut erfasste ihn und sein zorniges Brüllen drang aus der Höhle bis tief in den Wald.

„Oje!", dachte da die rote Eselin, die zu Tode erschrocken stehen geblieben war. Noch nie hatte sie so schreckliche, furchterregende Laute gehört und sie verstand, warum alle den Bären so gefürchtet hatten. Nichts ahnte man nun von seiner Güte und Verständigkeit, nichts von seinem Humor, es klang einfach nur wild und mörderisch. Ein uralter Instinkt riet ihr zur Flucht, aber die kleine Eselin war bestimmt nicht feige, außerdem wusste sie, dass sie im Unrecht war und wollte sich aufrichtig entschuldigen. Es lag ihr wirklich sehr viel daran, denn sie wusste, dass sie eine Grenze überschritten hatte, auch wenn sie nie mit diesem fürchterlichen Zorn gerechnet hatte. Sie wollte das wieder ins Lot bringen und obwohl sie mittlerweile vor Angst schlotterte, fasste sie sich ein Herz und trat mutig vor die Höhle, aus der noch immer ein schreckliches Brüllen drang.

„Bär, lieber Bär, verzeih mir, ich habe einen Fehler gemacht." rief sie kläglich, aber der Bär hörte sie nicht. Was er aber sehr wohl wahrnahm war die Witterung der roten Eselin und wild vor Zorn stürmte er aus der Höhle, wo sie kreidebleich unter dem roten Fell vor ihm stand und zitternd zurückgesprungen war. Ein Bündel war ihr aus der Hand gefallen und ein paar Waben fielen dort heraus. „Dass Du es noch wagst, mir unter die Augen zu kommen und noch dazu mit diesem Diebesgut. Dass Du es noch wagst, Du elende Diebin, Du hast hier alles kaputt gemacht, verschwinde von meiner Höhle." brüllte er aufgebracht. Er war so blindwütig vor Zorn, dass er gar nicht merkte, wie dicke Tränen aus den Augen der Eselin liefen. Stattdessen richtete er sich zu voller Größe auf und brüllte so schrecklich, dass die kleine Rote in Todesangst davonlief. Sie rannte und rannte, so wie damals, als sie vor dem Abdecker geflohen war, aber diese Flucht schmerzte weitaus mehr.

Damals war sie aus der Gefangenschaft geflüchtet und die wilde Freiheit stand wie eine einzige Verheißung unzähliger Möglichkeiten vor ihr, diesmal jedoch, da flüchtete sie vor einem Freund, vor dem einzigen echten Freund, den sie je gehabt hatte. Sie war fast blind von all den dicken Tränen und deshalb verlief sie sich erst. Irgendwann bemerkte sie es aber und trat den nun sehr langen Weg zurück zu ihrem Unterstand an. Sie war völlig aufgelöst und verzweifelt! Ein wilder Kummer brannte in ihrer Seele. Eine Diebin hatte er sie genannt und ihre Versöhnungsgeste ein Diebesgut. „Ich habe alles kaputt gemacht", dachte sie traurig.

„Wer hätte das gedacht, dass eine Freundschaft an einem Schälchen Honig und an einem Stückchen Wabe zerbrechen kann oder vielmehr daran, dass der Bär nun denkt, ich sei nur zum Stehlen in seine Höhle gegangen, hinterlistig und heimtückisch. Ach, wenn ich es ihm nur erklären könnte, dass es anders war und ja, ich habe einen Fehler gemacht, aber ich wollte mich aufrichtig entschuldigen. Doch der Bär nimmt das nicht an." Es war so ein furchtbarer, brennender Schmerz, so eine unendliche Ahnung erneuter Einsamkeit, dass sie fast glaubte, daran verrückt zu werden. „Ich habe einen Freund verloren!", dachte sie verzweifelt und nun schrie sie sich allen Schmerz aus der Seele.

Lange weinte sie und versank in ein bodenloses Grau schmerzlichster Gedanken, doch da erinnerte sie sich an die mahnenden Worte der Hütehündin. „Schlaf drüber und morgen findest Du einen Weg, die Sache aus der Welt zu schaffen. Wenn nicht," dachte die Eselin, „dann schlafe ich noch ein weiteres Mal darüber und wenn es sein muss, noch eine ganze Woche. Vielleicht wird mir dann der Bär verzeihen."

Mit diesen Gedanken fasste sie ein ganz klein wenig Mut.

Sinnlose Zerstörung

Doch als sie eben zu der Stelle kam, wo ihr Unterschlupf sein sollte, traf es sie wie ein Donnerschlag. Der ganze Boden war übersäht mit Bärenspuren und den Überresten dessen, was einst ihr heißgeliebter Unterschlupf gewesen war. Die mühsam aufgerichteten und verbundenen Äste und Zweige lagen in alle Richtungen verstreut, wie nach wilden Prankenhieben. Die liebevoll abgedeckte und gestopfte warme Schlafmulde war mit Bärenkot besudelt und über allem lag ein scharfer Geruch, den sie so bislang noch nie gerochen hatte.

Die Eselin wusste natürlich nicht, dass die Wanderbärin hier gewütet hatte, einfach aus Freude an der Zerstörung, sie wusste ja gar nicht mal, dass es eine Wanderbärin gab. Alles was sie wusste war, dass ihr Freund der Bär nun wohl wirklich kein Freund mehr war, sondern sich blind vor Wut an ihr rächen wollte, aber dass er dazu fähig gewesen war, ihr mühevolles Werk so zu zerstören, das machte sie völlig sprachlos. Das hätte sie nie von ihm gedacht, niemals.

Doch die zertrümmerten Stücke, die Spuren dieser sinnlosen Tat lagen vor ihr und erzählten eine eigene Geschichte. So sehr sie seinen Zorn verstanden hatte, hier war er wirklich zu weit gegangen! Wie konnte er das nur tun? Wie konnte er ihr nur den Schutz vor einem langen, kalten Winter nehmen und als hätte die Natur darauf nur eine spottende Antwort, fielen just in diesem Augenblick die ersten Schneeflocken auf die Erde.

Die kleine Eselin stand lange da, völlig geschockt von allem, aber nun auch aufgebracht und wütend! „Wie hatte ein Tag nur so herrlich beginnen und so furchtbar enden können, es war gerade so wie damals beim Imker, außer, dass ich jetzt frei bin," dachte die Eselin. „Ich habe die Wahl, zu entscheiden, ob ich gehe oder bleibe." Der Bär wollte sie nicht mehr in seiner Nähe haben, das hatte er nun ja allzu deutlich gemacht, aber inzwischen war dieser dunkle, wilde Wald ihr Zuhause. „Und ich bleibe doch," stampfte sie auf, „und gleich morgen gehe ich zu seiner Bärenhöhle und schlage meine Hufe in sein Hinterteil und sollten die Waben noch auf dem Boden liegen, dann hau ich sie ihm grad um die Ohren! Und danach esse ich all die köstlichen Stücke ganz alleine, vor seinen Augen, dann hat er Grund, sich gleich nochmal so aufzuführen, pöh!"

Oh ja, auch Esel können wütend werden, rote Esel ganz besonders und auch Esel sind nicht immer ganz gerecht. So ist das eben mit den Eseln.

Der Schnee fiel nun stärker und die Nacht brach bald an. Hier war sie wohl nicht mehr sicher, also blickte sie noch ein letztes Mal traurig und auch wütend auf die Trümmer ihres einst so stabilen Unterschlupfes, auf den sie doch so stolz gewesen war und dann trottete sie von dannen. Für heute würde sie wohl beim alten Schaf unterkommen, dort würde sie erstmal alles überschlafen, aber morgen sollte sie wissen, was sie unternehmen wollte. Unendlich verletzt, zornig und aufgewühlt lief sie los.

Sie wollte am liebsten an gar nichts mehr denken, aber immer wieder kamen ihr ungebeten die vielen schönen gemeinsamen Momente in den Sinn. Sie dachte an das gemeinsame Lachen, an die Tollheiten, die Gespräche am Feuer und die unzähligen schönen Momente mit dem Bären und das Herz zersprang ihr schier vor Schmerz. Es war, als würde etwas in ihr zerbrechen, aber sie erinnerte sich immer und immer wieder an ihren Sprung über den verbotenen Zaun. „Ich weiß noch nicht, wie ich das alles aushalten soll," dachte sie, „aber irgendwann und irgendwie wird es einen Weg aus allem geben. Es wird wie damals sein, die Lösung habe ich gewiss schon vor der Nase, nur sehe ich sie nicht, noch nicht. Aber ich bin damals über den verbotenen Zaun gesprungen, ich werde auch jetzt aus dieser ganzen, elenden, verfahrenen Situation herausfinden. Basta!"

Einsichten

Der Bär blickte auf die sanft hinabgleitenden Schneeflocken und seine Wut verrauchte so unvermittelt, wie sie gekommen war. So war das eben mit Bären. Ihr Zorn konnte sich rasch und wild entfachen, so übermächtig und zerstörerisch, wie eine Naturkatastrophe, aber genauso wie ein Vulkanausbruch plötzlich vorbei ist, wenn der ganze Druck hinausgeschleudert wurde, so war es eben auch mit einem echten Bärenzorn.

Nun stand er einfach nur an seinem Höhleneingang und blickte in den Himmel. Schon als Bärenjunges hatte er es geliebt, die einzelnen dicken Schneeflocken so weit oben wie möglich zu entdecken und ihren Flug zu verfolgen. Er liebte den Geruch von Schnee und wenn die weiße Decke das ganze Land verzauberte unter der Sanftheit dieses reinen, weißen Leuchtens. Er liebte das Glitzern der Schneekristalle im Sonnenlicht und das Knirschen seiner Bärentatzen auf eisig gefrorener Kristallkruste. Nicht, dass er so viel von dem Winter mitbekommen hätte, denn sehr viel davon verschlief er auch wohlig satt in seiner kuscheligen Höhle, geborgen inmitten all seiner Vorräte, aber er war eben ein besonderer Bär, der es sich einfach nicht nehmen ließ, auch diese Jahreszeit immer wieder mit wachen Sinnen zu genießen.

Bei dem Gedanken an seine Vorräte fiel ihm wieder die kleine Eselin ein. Was war nur in sie gefahren, so eine arge Zerstörung bei ihm anzurichten, überhaupt in seine Höhle zu gehen und so viel zu stehlen? Es schien so gar nicht ihre Art zu sein, doch was wusste er schon von Eseln? Sie hatten zwar so einiges voneinander und übereinander erfahren, doch gute, echte Freundschaft braucht einfach viel Zeit, um in Ruhe zusammenwachsen zu können.

Da kamen ihm seine eigenen, zornigen Worte wieder in den Sinn und er erschrak ob ihrer Heftigkeit. Er erinnerte sich nun auch daran, wie erschrocken, blass und elend die kleine Rote ausgesehen hatte und wie sie voll Todesangst davongelaufen war. Oh, was hatte er da nur angerichtet? „Ich bin wirklich zu weit gegangen, das muss ich irgendwie wieder richten.", brummte der Bär. Dann bemerkte er die Waben, die aus dem Bündel gefallen waren, das seine Freundin vor die Höhle getragen hatte. „Diebesgut" hatte er es beschimpft, aber unter dem sanften Rieseln der wunderschönen Schneeflocken ergab das nun gar keinen Sinn.

Wieso hätte sie mit den Waben zu seiner Höhle kommen sollen? Erst die Spuren verwischen und dann die Waben mitbringen und zeigen? Da fiel ihm das alte Schaf ein. Es war sehr einfach gestrickt und man konnte sich nicht so tiefsinnig mit ihm unterhalten, doch es hatte zwei einfache Weisheiten, die es immer und immer wiederholte. „Die Dinge sind wie sie sind" und „die Dinge sind nicht immer so, wie sie scheinen." Der Bär dachte nach.

Er war sich mit einem Mal ganz sicher, dass diese liebe, verspielte, kecke Eselin überhaupt nichts zerstören wollte, gedankenlos oder gar böswillig schon zehnmal nicht. Das war ganz sicher keine Absicht gewesen, dachte der Bär und versuchte, sich die Szene vorzustellen.

Vielleicht hatte die Eselin wieder Schmerzen am Huf bekommen und wollte ihn um Hilfe bitten, vielleicht war es ja doch zu früh gewesen, die Behandlung auszusetzen und nach der Woche ohne seine Kräuter und Wurzeln tat ihr Huf wieder weh? Dann hatte sie ihn wohl gerufen und gedacht, er schläft noch. Sie konnte ja unmöglich von außen sehen, dass er nicht da war, also war sie gewiss ins Innere gegangen.

Außerdem war sie unendlich neugierig, sie hatte sicher ohnehin sehen wollen, wie der Bär so lebt. „Ich hätte sie längst einladen sollen" brummte der Bär, ungehalten über sich selbst. Tja, dann musste sie den Honig gerochen haben, denn der duftet wirklich unwiderstehlich und der Bär wusste ja, dass Honig etwas ist, womit man rote Eselinnen fängt. Er dachte an das erste Mal, wo sie seinen Honig gekostet hatte und an ihren glückseligen Gesichtsausdruck, dann fiel ihm wieder ihr erschrockenes Gesicht ein und das Glitzern in ihren Augen.

„Oje" brummte der Bär, als ihm klar wurde, dass sie geweint hatte. Ach, war es denn wirklich so schlimm, dass sie sich einmal nicht mehr beherrschen konnte? Ja sicher, es war zu weit gegangen, aber auch er kannte diese unbändige Gier, wenn einem ein Heißhunger, eine unkontrollierbare Lust überkommt und gewiss war ihr dabei versehentlich etwas heruntergefallen. Er konnte sich die Szene vorstellen! Sie erschrak, drehte sich um und ihr Schweif schubste nun auch den Honigtopf herum, sicher ist sie dann vor Angst und Schreck davongerannt. „Aber nein," dachte der Bär, „ist sie eben nicht. Sie hat in kaltblütiger Ruhe die Waben eingepackt, ihre Spuren verwischt und das auch noch richtig schlecht."

Es ergab keinen Sinn, aber irgendetwas stimmte da nicht, denn das war so richtig untypisch für die impulsive, spontane und gerade Eselin, die das Herz auf der Zunge trug. Er verstand es noch nicht, aber er glaubte nun ganz sicher, dass – egal, was auch immer geschehen sein mochte – die Eselin etwas wieder gut machen wollte, denn sie hatte die Waben zu ihm zurückgebracht. Es muss ihr sehr wichtig gewesen sein, denn gewiss hatte sie sein Toben und Brüllen bereits vernommen, trotzdem war sie zu ihm gekommen. Mutig und zitternd war sie vor ihm gestanden, die Waben dabei, bereit, sich zu entschuldigen. Hatte er sie nicht auch etwas rufen hören, bevor er blindwütig herausgeprescht war?

„Oje" brummte der Bär wieder. „Was hab ich da nur angerichtet?" Nun trottete er zu den Waben. Sie dufteten nach Spätherbsthonig und er stutzte. Seine Waben waren das nicht, er hatte Sommerwaben eingelagert, aber die Spätherbstwaben waren noch viel köstlicher und wertvoller. Sie musste sie von den Wildbienen geholt haben und das, obwohl sie sie das Fürchten gelehrt hatten. Sie wollte den Schaden wieder gutmachen, das lag nun völlig auf der Hand.

Doch noch immer blieben einige Rätsel für ihn ungelöst und das mochte der alte Bär schon gar nicht. Er blieb an den Dingen dran, bis er alles ganz genau wusste und seine Beharrlichkeit hatte ihm auch unter den anderen Bären einen Namen gemacht. Gierig oder blind vor Lust auf Honig war eine Sache, doch auch eine kleine rote Eselin konnte unmöglich all seine Waben gegessen haben. Wenn es sie aber noch irgendwo gab, wozu also neue Waben mühsam und gewiss voller Bangigkeit besorgen? Es war doch leichter, die Waben des Bären einfach zurückzugeben!

Noch etwas ergab immer weniger Sinn. Er wusste, die kleine Eselin war spontan, impulsiv und konnte ihm manchmal auch zu quirlig sein, aber er wusste eines ganz genau: dumm war sie nicht, im Gegenteil! Wieso sollte sie so viele ihrer Spuren unverwischt lassen? Dass sie mal ein paar Hufabdrücke übersehen konnte in der Höhle, ja, das mag vor Aufregung geschehen sein, aber all diese Spuren im hellen Bereich des Eingangs? Die hätte sie niemals übersehen können und das war doch fast das Merkwürdigste daran. „Die Dinge sind nicht immer so, wie sie scheinen. Ja, altes Schaf, da hast Du allerdings recht," dachte er, als er sich wieder an diesen Herbstlaubduft erinnerte, den er gleich neben dem Geruch der Eselin gewittert hatte. „Hier stimmt etwas ganz und gar nicht," brummte er und wieder wandte er sich der Höhle zu und untersuchte die Spuren.

Doch hatte er selbst zu wild gewütet und war so

aufgebracht hin und hergelaufen, da war nichts mehr für ihn zu entdecken. Sogar die Eselinnenspuren hatte er überlagert mit seinen riesigen Bärentatzen, die so viel größer waren als die, der meisten Bären. Doch dieser besonders starke Herbstlaubduft ging ihm nicht mehr aus den Sinn. Er konnte nicht von außen in die Höhle gedrungen sein, einfach so, denn hier gab es weit und breit nur Nadelwald. Wieso war ihm das nicht gleich eingefallen?

Mit gerunzelter Stirn ging er nun den Bereich vor seiner Höhle ab, sehr langsam und vorsichtig. Der Schnee hatte bereits eine dünne Schicht gebildet, das machte die Sache schwer und überlagerte auch mögliche Gerüche, aber der Bär war nun einmal ein sehr erfahrener, kluger Bär und ein ausgezeichneter Beobachter. So dauerte es nicht lang, da bemerkte er plötzlich ein paar Abdrücke, die sich ganz, ganz leicht direkt dort abzeichneten, wo das Moos endete und ein Stück normaler Boden begann, der noch ziemlich aufgeweicht gewesen war von der stürmischen, nassen Woche. Es waren keine ganzen Abdrücke und die meisten hätten sie gewiss übersehen, aber es waren eindeutig die Krallen und Zehen einer Bärenklaue und, so sehr es ganz offensichtlich vermieden worden war, Spuren zu hinterlassen, an dieser Stelle hatten sich zumindest die Zehen in den Untergrund gebohrt: eine deutlich kleinere Tatze als seine und mit einer gebogenen, schiefen rechten Kralle am linken Fuß.

Der Bär zog scharf die Luft ein, denn er erinnerte sich nur zu genau an die Bärin, die er einst sehr gemocht hatte, bis ihm klar wurde, wie selbstsüchtig und durchtrieben sie war, ohne Sinn für das Schöne und Besondere, das ihm so viel bedeutete. Nein, sie wollte nur haben, jagen, töten, stehlen und zerstören. Eines Tages war sie gegangen, so wie sie gekommen war, grußlos und unvermittelt.

Ja, und nun ergab die ganze Sache plötzlich Sinn, denn dass sie für Diebstahl und Zerstörung zuständig war, für die verwischten Spuren und die zerbrochene Schale, daran bestand nun gar kein Zweifel mehr. Nur, warum hatte die Eselin ihm Waben gebracht? Das war noch immer ein Rätsel für ihn, doch vielleicht hatte sie ja auch ein wenig von seinem Honig genommen, aber eben nur ein wenig und wollte sich dafür entschuldigen auf die typisch geradlinige Art, die er an ihr schätzte. Ja, das ergab nun alles wirklich Sinn.

„Ach, ich Esel!" dachte der Bär, „was hab ich da nur angerichtet, ich muss sofort versuchen, das wieder gerade zu biegen! Ich habe fürchterliche Dinge gesagt und ich habe der kleinen Eselin Unrecht getan."

Da kam ihm der nächste, schreckliche Gedanke. „Mein Gott, die Eselin und das Schaf. Wenn die Wanderbärin hier im Wald ist, dann sind die Beiden in Gefahr!" und er rannte los, so schnell er konnte.

Noch mehr Einsichten

Es war ein ganzes Stück, bis zur Hütte des Schafs und die Eselin fragte sich, warum das alte Tier so weit weg leben wollte und ganz alleine, ohne Herde. War es wohl auch „unschafisch" für seine Artgenossen? Hatte es nie Streit mit dem Bären gehabt? Und wenn doch, wie hatten sie sich wohl vertragen?

„Ach Bär," dachte sie wieder und immer wieder, während Schneeflocken sanft und leise um sie tanzten. Sie dachte an diese unendlich zarte und schöne Berührung ihres Gesichts durch diese starken Tatzen, die ihr heute so bedrohlich und mörderisch erschienen waren, sie dachte daran, dass der alte Bär an so vielen Tagen so sanft und freundlich gewesen war. Galt das wirklich so viel weniger als dieser einmalige, schreckliche Ausbruch? Warum sollte ein einziger blöder Fehler all das Gute und Schöne zerstören?

Das mit ihrer Schutzhütte war schlimm und es tat ihr

wirklich weh, aber sie war sich auf einmal sicher, dass der Bär das nie getan hätte, wäre ihm klar gewesen, mit wie vielen Tagen Mühen sie daran gearbeitet hatte. Er mit seiner Stärke und mit seinen Pranken könnte so etwas sicher an einem Nachmittag bauen oder vermutlich in noch viel kürzerer Zeit. Wie hätte er da also den Wert ihrer Arbeit erkennen können?

Er war so unbändig wütend gewesen, seine Unbeherrschtheit erschreckte sie, aber vorhin hatte sie eine ebenso starke Wut gefühlt und sich sogar vorgestellt, wie sie ihn ganz kräftig mit den Hufen treten würde. „Zorn macht wirklich blind," dachte sie bestürzt. „Ich war wohl in seinen blinden Zorn hineingeraten und er konnte in diesem Augenblick nicht gerecht oder gar gütig sein. Wer weiß, vielleicht ist das ja einfach die Art der Bären, auch wenn es beängstigend ist, aber es war gewiss nicht seine Art, Dinge sinnlos zu zerstören, vielleicht hatte er meine Unterschlupf ja nicht einmal als solchen erkannt? Oh, ich Eselin, er wusste ja noch gar nicht mal, dass er mir gehört und dass ich ihn gebaut habe, wir hatten uns ja noch gar nicht gesprochen seitdem!"

„Nun vielleicht hat er mich darin gewittert und Spuren konnte er ja lesen, klug war er schon der alte Bär, aber dennoch, sinnlose Zerstörung, das passte einfach nicht zu ihm und Rache schon zehnmal nicht." Sie würde es akzeptieren müssen, wenn er ihr nun misstraute und ihre Freundschaft nicht mehr wollte, aber sie wusste, dass sie einen weiteren Versuch wagen würde, sich mit ihm auszusprechen, denn Freundschaft, das wusste sie plötzlich auch, das war auch Verzeihen können und auf jeden Fall mehrere Versuche wert, sich auszusprechen.

Gleichzeitig fühlte sie ein wenig Hoffnung und dachte, wenn ihr schrecklicher, heißer Zorn verrauchen konnte, dann war es bei ihrem Freund gewiss ebenso. „Verliere niemals die Hoffnung und gib niemals auf.", flüsterte eine Stimme in ihr.

Mit diesen Gedanken kam sie inmitten der nun stärkeren Schneeflocken zu dem Unterstand des alten Schafs. Sie erstarrte.

Der Kampf um Leben und Tod

Vor ihr auf der Lichtung stand eine Bärin, die sich eben aufgerichtet hatte, um den alten Schaf einen mächtigen Schlag zu verpassen. Dazwischen lagen nur noch die Trümmer dessen, was einst das Schutzdach gewesen war. "Sie war es also," wusste da die kleine Eselin mit einem Mal. Dann bemerkte sie noch das offene Bündel Blätter, in dem ein paar Honigwaben lagen und da wurde ihr alles klar.

Vor ihr stand der wahre Grund des Bärenzorns, der Grund für den Bruch ihrer Freundschaft, der Grund für den zerstörten Unterschlupf und nun der Grund für den sicheren Tod des alten Schafes, wenn, ja wenn es nicht einen genauso unbändigen Eselszorn gegeben hätte.

Die kleine rote Eselin dachte nicht mehr, sie sah nur noch rot, so rot, wie die Farbe ihres Fells, so rot, wie diese heiße, brennende Wut, die sie nun fühlte und mit einem schrecklichen, furchterregenden, dröhnenden „Iiiiaaaaaa" preschte sie nach vorne und verpasste der Bärin mit aller Kraft einen mörderischen Hufschlag direkt ins Gesicht, denn gesprungen war die Eselin auch und springen konnte sie, wie sonst kein Esel auf der ganzen Welt. Inzwischen war sie auch kein schwacher Esel mehr, nein, sie war stark und wohlgenährt und mit einer so heißen Kraft in ihren Adern, dass es eigentlich die Erde aus ihrer Umlaufbahn hätte schleudern müssen.

Das geschah natürlich nicht, aber für die Bärin reichte es. Sie griff sich brüllend an den Kopf, schwankte ein paar Schritte benommen und fiel dann um, wie ein Stein. Die Eselin war in Rage und sie setzte gleich noch ein paar ordentliche Tritte mit den Hinterläufen nach. „Und da!" tobte sie, „das ist für meinen Freund, den Bären, der denkt, dass ich das war mit den Waben und hier, das ist für meinen Unterschlupf und das hier, das ist für den bescheuertsten Tag meines Lebens und dies hier, das ist für die kaputte Behausung des Schafs und das hier, das ist…" und plötzlich erschrak sie über sich selbst. Die Bärin regte sich nicht mehr und das Schaf lag ebenfalls reglos am Boden.

„Oje!" dachte sie, ich habe ein Tier getötet und ich hätte mich doch besser um das Schaf kümmern sollen. Sie wusste, das es richtig und wichtig gewesen war, sich und das Schaf zu verteidigen, aber sie erkannte auch, dass blinder Zorn etwas schreckliches und gefährliches war und sie wollte nie wieder in seinen Bann geraten oder derart unter seinem Einfluss stehen, dass er ihr Handeln so völlig bestimmen würde. In diesem Augenblick verzieh sie dem alten Bären endgültig.

Doch nun war sie längst bei dem Schaf und nahm den Kopf des alten Tieres zwischen ihre Hufe. „Oh Schaf, liebes, liebes Schaf!" weinte sie kläglich, „Die Bärin hat Dich wohl vorher schon getroffen, ich bin zu spät gekommen." Doch das Schaf war nicht tot, es war nur schon sehr alt und es hatte sich allzu sehr erschrocken. Nun öffnete es die Augen und lächelte die kleine Rote an. „Danke Dir für Deine Rettung, Du mutige, mutige Eselin! So einen Sprung habe ich ja noch nie gesehen." Es lachte, leise blökend: „und so einen mutigen Kampf auch nicht. Du bist ja ein echter Löwenesel!" Dann schloss es wieder seine Augen. „Es ist schön, nicht alleine sterben zu müssen." Die kleine Eselin erschrak!

„Aber Schaf, liebes, liebes Schaf! Du brauchst doch jetzt gar nicht sterben, ich bin jetzt hier und der Bär kann Dich pflegen, wo bist Du denn verletzt? Hat sie Dich doch erwischt?" Es kostete dem Schaf nun einige Kraft, aber es flüsterte: „Nein, Eselin, die Bärin hat mich nicht erwischt, dank Dir, aber ich hatte es schon die letzten Tage gefühlt, meine Zeit ist gekommen. Ich hatte ein langes Leben und dank Dir darf ich jetzt ein schönes, sanftes Ende haben und kein grausames. Ich danke Dir!"

„Schaf, liebes Schaf, bitte geh nicht!" klagte die kleine Eselin. „Ich hab doch vielleicht sonst keinen Freund mehr auf dieser Welt."

„Nein, den hast Du sicher nicht.", sagte da eine boshafte Stimme hinter ihr. Die Bärin war natürlich auch nicht tot gewesen, nur betäubt von dem kräftigen Tritt und nun war sie noch gefährlicher den je, weil sie Schmerzen hatte und weil sie es nicht fassen konnte, dass so ein kleines Geschöpf es gewagt hatte, sie anzugreifen und zu treten und sich zwischen sie und ihre sichere Beute zu stellen. „Nun fresse ich Euch Beide!" sagte sie und kam mit langsamen Schritten näher. Die kleine Eselin richtete sich auf, trocknete ihre Tränen und fühlte eine Eisesruhe bis tief in ihr Innerstes.

„Wenn ich denn also sterben muss, dann werde ich nicht kampflos sterben!" sagte sie und etwas in ihrem unerschütterlichen Blick verunsicherte die Bärin.

„Was bist Du eigentlich für ein merkwürdiger Esel?" fragte sie „und warum hast Du so gar keine Angst vor mir und vor Deinem Tod?" „Ich habe Angst," antwortete die Eselin. „Nur die Dummen kennen keine Furcht, aber ich werde die Hoffnung niemals aufgeben, so lange es noch Hoffnung gibt!"

Da lachte die Bärin, auch wenn sie ein wenig beeindruckt war. „Hoffnung? Auf was hoffst Du denn?" Sie lachte höhnisch, richtete sich langsam auf und hob ihre gewaltige Tatze. Die Eselin drehte sich um, bereit, mit aller Kraft ihrer Hufen auszutreten. Aber die Bärin verspottete sie noch immer. „Hoffnung, ha! Hoffnung! Du hast doch außer diesem alten, sterbenden Schaf keinen Freund, der Dir beistehen könnte." Dann holte sie aus.

In diesem Augenblick preschte der große alte Bär aus dem Wald und mit einem dröhnenden „Hat sie doch!" warf er sich auf die erschrockene Bärin und versetzte ihr mächtige Prankenhiebe von so einer gewaltigen Kraft, dass selbst die große Bärin einige Meter durch die Luft flog. Sie wusste, dass sie mit all ihren Finten und Tricks gegen die Stärke dieses gewaltigen Artgenossen keine Chance hatte, zumal nun auch die Hufen der Eselin ihr einen gewaltigen Tritt gegen den Schenkel verpassten und der schmerzte.

„Verschwinde aus meinem Wald und wage Dich nie mehr zurück. Wage es nie mehr, Dich an meinen Freunden zu vergreifen! Ich lasse Dich dieses eine Mal laufen, aber wenn ich Dich jemals wieder in der Nähe erwische, dann werde ich Dich töten!"

Die Bärin wusste, dass er das wahrmachen würde, nicht für sich aus Selbstschutz, sondern weil er seine Freunde behüten würde. So war er eben, dieser verrückte Bär und so war wohl auch diese verrückte rote Eselin.

Mit schmerzendem Körper richtete sich die Bärin ganz langsam auf, vorsichtig, um nur ja nicht den Eindruck einer Drohgebärde zu erwecken, dann drehte sie sich um und rannte humpelnd davon, so schnell sie konnte. Nein, sie hatte wahrlich kein Interesse daran, diese Gegend jemals wieder zu sehen. Honig stehlen, das konnte man schließlich auch an anderen Orten, irgendwo, wo es keine rote Esel gab und keine riesigen Bären und am besten auch keine alten Schafe, einfach, um sicherzugehen.

Sturköpfe

„Ich habe einen Freund," dachte die Eselin glücklich und erleichtert, dass der schreckliche Kampf vorüber war und dass sie noch immer lebte. Er hatte es in die Lichtung gebrüllt „Hat sie doch!" und ihr Herz war einen Augenblick vor Glück fast zersprungen, aber nun, wo der Kampf vorbei war und sie ihren Mut nicht mehr zusammennehmen musste, fühlte sie sich plötzlich unendlich müde und erschöpft. Ihre Beine zitterten und sie sah sich außer Standes, auch nur einen Schritt zu gehen.

„Bist Du eigentlich völlig übergeschnappt?" riss die zornige Stimme des Bären sie da aus ihrer Starre. „Legst Dich mit einer ausgewachsenen Bärin an, Du stures Eselvieh? Ist Dir denn nicht klar, dass Du hättest sterben können? Dass Du nur noch Sekunden vom Tod entfernt warst?"

Die Eselin wusste im Herzen, dass es nur die Sorge um sie war, die ihn nun mit ihr derart schimpfen ließ, dennoch war sie empört. Sie stampfte wütend auf und rief „Ich bin aber nicht tot und bei meinem ersten Kampf mit ihr war sie es immerhin, die betäubt am Boden lag und das hätte ich auch jederzeit wieder geschafft, pöh!" brüllte sie nun zurück, obwohl sie selbst daran Zweifel hatte, aber was glaubte er eigentlich, sie zu tadeln, wo es ja gar keine Wahl gegeben hatte, den Kampf nicht zu kämpfen, denn schließlich ging es um das Leben des Schafes und seine Freunde lässt man schließlich nicht in Stich.

Die beiden Sturköpfe wären sicher erneut aneinander geraten, wäre nicht ein riesen Schreck in die kleine Eselin gefahren. „Das Schaf!" schrie sie auf und wich zur Seite. Erst da erkannte der alte Bär das Schaf, das mit seinem hellen Fell im weißen Neuschnee lag, so dass er es aus dem Augenwinkel nur für einen Stein gehalten hatte.

„Schaf!" rief nun auch er, aber das Schaf antwortete nicht. Da nahm er es behutsam auf und trug es den ganzen, langen Weg in seine warme, trockene Höhle. Die Eselin nahm die gestohlenen Waben der Bärin auf und trug sie hinterher, dann legte sie sie vorsichtig in den Eingang der Höhle und trat wieder ein paar Schritte zurück. Dort legte sie sich in den Schnee und hielt Gedankenwacht bei dem alten Tier.

Die Weide unter den Sternen

Aus der Höhle drangen alsbald der Duft eines Feuers, von Kräutern und Wurzeln und ab und an hörte die Eselin den Bären etwas brummeln wie „Thymian zur Stärkung" oder „Salbei für die Lebenskraft", während er geschäftig einen Heiltrank braute. Das alte Schaf hatte er auf das eigene Bärenlager getragen, wo es trocken, sehr warm und kuschelig und sehr weich war. Der Trank war nun fertig und musste ein wenig abkühlen, der Bär rührte noch ordentlich Honig hinein. Dann bemerkte er, dass ein Stück der Tonscherben eine flache, praktische Mulde hatte, darauf gab er nun ein wenig seines Kräutergebräus, hob den Kopf des schwachen Tieres ein wenig auf und flößte ihm vorsichtig Schluck um Schluck des stärkenden Trankes ein.

Das Schaf öffnete die Augen und lächelte. „Danke, mein lieber, treuer Freund. Danke für die Jahre der Freundschaft und die Sicherheit in Deinem Wald. Du weißt, dass die Eselin mich heute vor einem schrecklichen Ende bewahrt hat? Sie hat ein mutiges und treues Herz. Ich verdanke ihr mein Leben und trotzdem muss ich Euch jetzt verlassen." „Ach Schaf, was redest Du denn? Du bist nur erschöpft und müde. Trink noch etwas und schlaf Dich gesund!" Das Schaf schüttelte schwach den Kopf. „Bär, Du musst mich jetzt gehen lassen. Ich bin alt, es wird Zeit für mich, zur großen Weide unter den Sternen zu gehen!" „Schaf, bitte, rede nicht solch einen Unsinn, trink jetzt bitte.", brummte der Bär mit zunehmender Verzweiflung.

Er konnte doch nicht kampflos aufgeben, er, der große starke Bär, aber nun spürte auch er, dass das Schaf recht hatte. Es hatte bereits diesen Blick der Tiere, die sich auf die große Reise begeben. Dennoch konnte er das jetzt nicht ertragen, er wollte keinen Freund verlieren, niemals mehr und dicke Tränen liefen über sein rundes Bärengesicht. Da stupste ihn das Schaf sanft an. „Weine doch nicht, lieber Freund. Wo ich hingehe, ist es schön. Dort gibt es keinen Schmerz und auch kein Altern, keine Kälte und keine Zerstörung. Bring mich jetzt nach draußen, ich möchte noch einmal die Sterne sehen und unter freiem Himmel sterben im Kreise meiner zwei wunderbaren Freunde."

Der Bär wollte noch einmal protestieren, aber dann riss er sich zusammen, hob das Schaf mitsamt den weichen Unterlagen an und trug es vorsichtig nach draußen. Dort wartete treu und geduldig die kleine rote Eselin. „Warum war sie denn nicht in die warme Höhle gekommen?", wunderte sich der Bär, doch dann waren seine Gedanken wieder bei dem alten Tier.

Vorsichtig legte er es auf den Grund und die Eselin zupfte dabei die Unterlage zurecht, so gut sie es mit ihren Zähnen vermochte. Sie stellte keine Fragen, sondern legte sich einfach neben das Schaf und wärmte es mit ihrem Körper. „Eselin", flüsterte das Schaf ganz leise. „Ich danke Dir noch einmal für Deinen Mut und für Deine Treue. Kümmere Dich um den Bär, wenn ich gegangen bin, er braucht einen Freund wie Dich."

Der Eselin liefen dicke Tränen aus den Augen. „Ach Schaf, liebes, liebes Schaf!" flüsterte sie wieder. Auch der Bär weinte jetzt. Da öffnete das sterbende

Tier noch einmal seine Augen und lächelte seine Freunde an. „Weint doch nicht um mich, meine Freunde. Ich hatte ein erfülltes Leben, ich hatte meine Freiheit, ich hatte echte Freunde, ich hatte ein warmes, trockenes Heim und immer genug zu essen, ich hatte den würzigen Duft dieses herrlichen Waldes und die wärmenden Sonnenstrahlen auf meiner kleinen Lichtung, ich hatte den Wandel der Jahreszeiten und eine tief empfundene Zufriedenheit. Nun brauche ich nicht einmal alleine sterben, sondern habe die zwei liebsten und treuesten Wesen um mich, die ich mir nur wünschen kann. Ich bin sehr, sehr glücklich und ich danke Euch für dieses wunderschöne Ende unter dem Sternenzelt. Trauert nicht, denn ich bin ja nicht dieser alte, schwache Körper. Er war nur die Höhle, die mein Geist zu Lebzeiten bewohnt hat, nun werde ich frei sein zu gehen, wohin ich will, aber ein Teil von mir wird auch immer bei Euch weilen. Danke, meine Freunde, lebt wohl, und nun seht Euch diese herrlichen Sterne an!“

Über ihnen waren die Schneewolken aufgerissen und gaben den Blick auf den funkelnden

Sternenhimmel frei. Die Sterne leuchteten in dieser Nacht ganz besonders hell und klar und eben, als sie hoch zu den Plejaden blickten, zog eine Sternschnuppe über das Firmament und das alte Schaf war lächelnd gestorben.

Diese Sonne

Bär und Eselin saßen noch lange bei dem Schaf und hielten Totenwache. Keiner von Beiden sprach ein Wort, jeder hing den eigenen Gedanken nach und fühlte die eigene überwältigende Betäubung. So vieles war an einem einzigen Tag geschehen! Ein Sturm hatte sich verzogen, strahlende Spätherbstsonne wärmte noch den Morgen, während der Nachmittag schon den Winter brachte.

Es hatte das unschuldige Glück eines frisch geborenen Tages gegeben und diesen schrecklichen Streit, der alles zu zerstören schien. Es gab Schuld und Ungerechtigkeiten, aber auch Einsicht und Verzeihen. Es gab einen Kampf auf Leben und Tod und unausgesprochene Versöhnung und es gab diesen traurigschönen Abschied von einem alten, einfachen, gutmütigen Freund.

Beider Herzen waren voll, aber keiner wusste, welche Worte wohl die richtigen sein könnten. Zu zerbrechlich fühlten sie beide noch dieses wiedergewonnene Band ihrer Freundschaft, zu verletzbar empfanden sie sich und den Anderen in dieser frischen Trauer, aber zu andächtig und besonders war auch dieser Moment. Der Tod als solches hatte für sie keinen Schrecken mehr, er schien viel mehr etwas Heiliges zu sein, zumindest, wenn man ihn so erleben konnte.

Das Lächeln des sterbenden Tieres hatte ihre traurigen Seelen versöhnt und sie spürten, dass am heutigen Tag jeder dem Anderen wahre Geschenke gemacht hatte. Sie hatten einander Treue bewiesen und Verzeihen geschenkt, Rettung, Hilfe und Dankbarkeit und wahre, ehrliche Freundschaft. Da gab es einfach nichts, was man mit Worten zerreden musste und so blieben sie schweigend sitzen, hielten Wacht, bis das Morgenlicht die Sterne löschte. Dann erhob sich der Bär steif und hob auf einer kleinen Anhöhe seiner Lichtung eine tiefe Grube aus. Er war ganz froh, dass er in diesem Tun eine Weile für sich allein sein konnte, auch wenn er ab und an die Blicke der Eselin auf sich fühlte.

Schließlich war die Grube fertig und der Bär hob

vorsichtig das Schaf hinein. Als er die Erde wieder über das Tier breiten wollte, legte die Eselin ihren Huf auf seine Hand und verneinte. Da verstand er, dass sie auch etwas beitragen wollte und trat beiseite. Den ganzen Morgen schuftete die Eselin stumm und verbissen und wollte sich nicht helfen lassen, auch wenn es für sie sehr viel schwerer war, diese Arbeit zu tun als für den Bären.

Zwischenzeitlich wurde er ein wenig ungeduldig. Er war auch besorgt, weil die kleine Rote noch gar nichts gegessen oder getrunken hatte, doch verweigerte sie alles, arbeitete nur stumm und verbissen weiter, bis auch der letzte Erdhaufen das Grab ihrer Freundin bedeckte.

Betäubt vor Trauer stand sie da, als die Sonne plötzlich über die Wipfel schien. Einen Augenblick lang war die Eselin empört und stampfte wild auf. Wie konnte die Sonne es nur wagen, aufzugehen, als sei nicht soeben eine kleine Welt in sich zusammengefallen. Wie konnte es überhaupt einfach so Tag werden, konnten Vögel über den Himmel ziehen wie immer und die ganze Welt den gewohnten Gang nehmen, wo sie doch hier in ihrem kleinen großen Eselinnenherz so viel Schmerz und Trauer fühlte. Sie stampfte wieder und dann musste sie einfach rennen. Mit klagendem „Iaaaa" schrie sie sich die Trauer von der Seele, als sie über die Wurzeln der Tannen sprang, Pfaden entlang rannte, über umgestürzte Bäume hinweg hastete, bis hin zur Unterkunft des alten Tieres, das nun hoffentlich auf der Weide unter den Sternen graste.

Die Eselin war erschöpft, lehnte sich gegen einen der Felsen und dann weinte sie, sie weinte um alles, was ihr je das Herz beschwert hatte, um das Auf und Ab im Leben, um Abschiede und Verluste, um Missverständnisse, um das Leben und das Sterben und um diese schmerzhafte Sehnsucht, die sie im Herzen fühlte. Sie weinte, bis sie vor Erschöpfung auf den Boden sank und lange, lange schlief. Als sie erwachte, war es bereits Nachmittag geworden. Sie hatte noch immer nicht gegessen oder getrunken und wanderte nun zu einem nahen Bach, dachte an die Hündin und wusch sich ausgiebig, so sehr es ihr heute auch widerstrebte. Erfrischt und gestärkt stand sie eine Weile da, dann ging sie entschlossen zurück und kostete von dem würzigen Heu des Schafes, das noch zwischen den Steinen verborgen lag und dann fasste sie einen Entschluss. Sie begann, das kaputte Schutzdach zu reparieren. Einfach so!

Stunde, um Stunde mühte sie sich ab, bis es ihr endlich gelungen war. Inzwischen hatte sich der Tag längst verabschiedet, doch auf der dünnen Schneedecke leuchtete das Mondlicht hell. Nun war sie also fertig und fühlte, dass es wichtig und richtig so war, auch wenn das alte Schaf nicht mehr lebte. Es gab ihr das Gefühl, die Dinge in Ordnung gebracht zu haben.

Nachtwache

Der Bär lag ruhelos am Eingang seiner Höhle und blickte auf das Grab. Er hatte die Eselin trauernd davon traben sehen und wäre ihr am liebsten gefolgt, aber dann war es ihm selbst so sehr danach, sich in seiner Höhle zu verkriechen und der Trauer freien Lauf zu lassen. Er hatte sich fast gewünscht, er könne das so tun wie die Eselin, schreiend vor Trauer durch den Wald rennen und all die Heftigkeit dieses Schmerzes in die Winde brüllen, aber jeder trauert auf seine Weise.

Er tröstete sich mit dem Schutz seiner Höhle und den leckeren Vorräten. Er kostete von den Sommer- und den Spätherbstwaben und dachte wieder und wieder an die kleine rote Eselin. Wind kam auf und die Luft brachte die Vorboten eines Schneesturmes. Die Temperatur sank spürbar und der Bär begann, sich um die Eselin zu sorgen. Sie brauchte unbedingt einen Schutz vor diesen langen, eisigen Wintern, die es hier Jahr für Jahr im dunklen Wald gab. Sie brauchte auch dringend Futter, denn der

Schnee würde alles Gras bedecken. Er könnte die Karotten und einen Teil der Wurzeln mit ihr teilen, denn er hatte genug davon, auch von den Kräutern, doch er würde nach dem Heulager des Schafs sehen müssen. Es machte keinen Sinn, dass es dort verdarb, während es andernorts die Eselin retten konnte. Ja, morgen würde er sich um alles kümmern und mit der Eselin reden.

Schneeflocken fielen erneut vom Himmel. Der Wind wurde stärker und die Flocken wirbelten wild durch die Luft. Der Bär blieb am Eingang liegen, denn es schien ihm falsch, das Schaf so ganz alleine zu lassen, dort draußen in seinem kalten Grab, doch im Herzen fühlte er, dass es längst die großen, duftenden Weiden unter den Sternen erreicht hatte, wo es keine eisigen Winde mehr gab.

Er war gerade am Einschlafen, als er leises Hufgetrappel vernahm. Wenig später erschien die Eselin auf seiner Lichtung. Sie schien erschöpft und ließ die Ohren hängen. Einen Augenblick lang blickte sie in seine Richtung, dann jedoch ging sie geradewegs zum Grab und ließ sich daneben auf die Erde nieder.

„Es ist viel zu kalt da draußen für eine Eselin," brummte der Bär. Dann überlegte er, ob er sie in seine Höhle bitten sollte, aber seine Höhle teilen? Es hatte ihm nichts ausgemacht, das Schaf auf sein Lager zu betten, aber wollte er die Eselin darin haben? Er stellte es sich vor, wie er morgens ruhig und lange schlafen wollte und stattdessen ihr Hufgeklapper hören würde. Wie sollte es außerdem weitergehen? Wann würde sie dann wieder gehen? Aber würde sie überhaupt zu ihm kommen? Und wollte er wirklich, dass sie wieder ging?

Er erinnerte sich wieder an den dummen, ungerechten Streit und an seine bösen Worte, auch daran, dass sie vor der Höhle gewartet hatte, als das Schaf bei ihm drinnen im Sterben lag. Es war eine wahrhaft komplizierte Situation und Bären mochten eigentlich keine komplizierten Situationen. „Ich denke morgen darüber nach", brummte der Bär und war bereits am Einschlafen, als ihm ein Gedanke kam.

Die Eselin dachte gar nichts mehr, sie hatte sich völlig verausgabt und war einfach nur erschöpft von ihrer Arbeit und all den Ereignissen des vorigen

Tages, daher schlief sie tief und feste ein und merkte gar nicht, wie der Bär eine große, weiche Decke über sie breitete. Dann trottete er zum Eingang zuck und hielt eine Weile Wache über seine Freunde, bis er selbst endlich in einen traumlosen Schlaf glitt.

Wärme im Dunkeln

Sie erwachten von einem lauten Krachen. Ein gewaltiger Schneesturm zog über das Land und schüttelte die Baumwipfel gnadenlos hin und her. Einer der alten Bäume war entwurzelt worden und auf den Felsen der Höhle aufgeschlagen. So einen gewaltigen Sturm hatte der Bär schon ein paar Jahre nicht mehr erlebt.

Besorgt blickte er zur Eselin. Diese war noch ganz schlaftrunken und wunderte sich gerade über die herrliche Wärme, die sie empfand, obwohl um sie herum ein eisiger Sturm tobte. Da bemerkte sie die warme Decke, die um sie herum festgestopft worden war. „Bär," dachte sie lächelnd und wieder erinnerte sie sich an seinen mächtigen Sprung aus dem Wald, an seinen wilden Zorn, als er sie verteidigte und an all die guten und schönen Momente, die sie gemeinsam verbracht hatten.

Sie dachte daran, wie er ihr Gesicht liebkost hatte und wie sehr sie seine Zärtlichkeit berührte, sie dachte an das gemeinsame Lachen und wohlwollende Schweigen. Sie dachte an seinen schönen dicken, kuscheligen Bärenbauch und an sein gemütliches Bärenbrummen, sie dachte an seine Klugheit und an seine Treue, sie dachte an seine Heilkunst und daran, wie sehr er die kleinen, besonderen Momente erkannte und zu schätzen wusste und da war ihr mit einem Male klar, dass sie mehr als nur Freundschaft für ihn empfand. Sie liebte ihn. Sie liebte ihn mit all der Kraft ihres Eselinnenherzens und sie liebte ihn genauso, wie er war. Da fühlte sie sich plötzlich ungeheuer verletzbar. Was sollte denn nun werden?

Der Bär machte sich Sorgen um die Eselin. Was, wenn ein Baum sie treffen würde. Aber wenn er sie nun auffordern würde hereinzukommen, dann würde sie bestimmt wieder bocken und stampfen, so wie nach dem Kampf, als er sie voller Sorge angebrummt hatte. „Sie ist so ein unmöglicher Sturkopf, legt sich doch glatt mit einer ausgewachsenen Bärin an!" und Honig hatte sie jetzt doch von ihm gemopst, wenn auch nur ein klein wenig, diese kleinen Tischreste, das hatte sie ihm auf dem Weg vom Kampfplatz noch gestanden. Das war ja nicht so schlimm, gemopst ist zwar gemopst, aber sie hatte es ja mehrfach wieder gut gemacht. „Ach was, ist ja auch egal, blöder Honig!" brummte der Bär und überlegte, ob er noch etwas von dieser köstlichen Spätherbstwabe naschen sollte.

Der Sturm tobte inzwischen noch viel mehr. Er könnte den roten Sturkopf bitten hereinzukommen, dachte der Bär, aber um etwas bitten war auch nicht so sein Ding, vor allem, wenn er nicht sicher war, ob sie ablehnen würde oder nicht. „Ach verdammt noch mal!" brummte der Bär jetzt. „Was ist das kompliziert mit dieser Eselin! Soll doch machen, was sie will, dieser Sturkopf." Er war fast eingeschlafen, da erinnerte er sich daran, wie sie lachend auf dem Po den nassen Grashügel hinabrutschte, wie sie rückwärts über die Brücke lief und ganz „uneselisch" war, er erinnerte sich an ihre Geschichten aus einem früheren Leben und an ihren Mut, an den großen Sprung, von dem sie ihm erzählt hatte und an ihre Tapferkeit, mit der sie ein Schaf vor einer wilden Bärin verteidigen wollte oder als sie zu ihm kam, obwohl er tobte in seiner rasenden Wut. Er dachte an ihre sanften, weichen Eselsohren, die er so gerne kraulte und an die Bewegung ihrer kräftigen Schenkel, auch an die schöne Rundung ihres Hinterteils und daran, wie sie sich anschmiegt hatte, damals als er sie das erste Mal „kleine Rote" genannt hatte. Er dachte an ihre schönen Augen und wie sehr auch sie diese kleinen, besonderen Momente zu schätzen wusste.

In seinem Herzen regte sich etwas und er wusste nicht, was er davon halten sollte. So lange war er jetzt einsam gewesen, so lange lief er seine Pfade ganz alleine ab, bis eines Tages diese neugierigen, langen roten Ohren hinter Baumstämmen erschienen waren und dieses leise Hufgetrappel, das ihm plötzlich überall hin gefolgt war. Er musste grad wieder lachen, als er daran dachte.

Was wäre, wenn nun auch die Eselin weiterziehen würde? Wenn ihr der Winter doch zu kalt würde oder ihr der Bär zu bärig war für eine Eselin? Aber hatte sie ihn nicht bedingungslos akzeptiert und zu ihm gesagt, sie würde ihn mögen, so wie er war? Ob das wohl immer noch galt, obwohl sie ihn so wild und gefährlich gesehen hatte? Konnte eine kleine, dicke, rote Eselin wirklich so einen großen, alten, dicken Brummbär wie ihn mögen? Er seufzte und fragte sich, wohin das alles führen würde.

Dann erhob er sich schließlich und beschloss, seinen Lieblingsplatz im Inneren aufzusuchen. Vielleicht würde die Eselin ja ganz heimlich näher kommen und die Nacht zumindest im Eingangsbereich verbringen. Dort wäre sie wenigstens vor Verletzungen geschützt. So trottete er in die Höhle, ordnete die Vlies- und Fellstücke neu auf dem alten Stroh und Reisig und machte sich ein großes, warmes und kuscheliges Lager. Dann rollte er sich darauf ein.

Die Eselin begann zu zittern. Ein weiterer Baum war auf die Lichtung gekracht und der Wald würde nun gewiss keinen Schutz vor dem Sturm bieten. Sie könnte den Bären bitten, ihr für eine Nacht Unterschlupf zu gewähren, aber er wollte sie ja nicht in seiner Höhle haben. Aus dem Augenwinkel bemerkte sie, wie er seinen Platz im Eingang aufgab. Sie dachte an die warme Decke, die er so umsichtig über sie gebreitet hatte und verstand, wie viele Sorgen sich der Bär um sie machte. Nun hatte er also den Eingang freigegeben, war es das? Sie erhob sich etwas steif und trug die Decke auf dem Rücken zur Höhle.

Am Eingang blieb sie zögerlich stehen. Sollte sie es wirklich wagen? Dann fasste sie sich jedoch ein Herz und betrat ganz langsam das Reich ihres Freundes. Dieser war beinahe schon eingeschlafen, da hörte er das leise Klappern ihrer Hufen. Zufrieden brummte er und drehte sich um, nun mit ein paar Sorgen weniger, doch als er erneut fast eingeschlafen war, wurde er wieder von einem leisem Hufgetrippel gestört. Die Eselin hatte den Eingangsbereich verlassen und ging eindeutig tiefer hinein in seine Höhle.

„Kommt sie doch glatt wieder, meinen Honig stibitzen", dachte er kopfschüttelnd. Dann aber war es ihm gleich, sollte sie halt von dem Honig naschen, wenn ihr das Trost und Kraft gab. Er hatte doch nun eigentlich wieder genug für zwei und selbst wenn nicht, das fühlte er, so würde er ihn gerne mit ihr teilen.

Aber das leise Hufgeklapper bewegte sich nicht Richtung der Honigvorräte, sondern kam leise und zögerlich näher. Der Bär widerstand der Versuchung zu blinzeln und atmete und schnaubte ruhig weiter. Da spürte er plötzlich, wie sich ein runder Eselinnenpo an seinen Bärenbauch schmiegte und der Eselinnenkopf legte sich auf seinen Arm.

Er war erstaunt und etwas rührte sich ganz tief in seiner Seele, während das Herz der kleinen Eselin ihr bis zum Hals schlug. Doch als sie plötzlich einen großen, starken Bärenarm um sich fühlte, der sie zärtlich drückte, wurde sie mit einem Mal ganz ruhig, lächelte und fühlte, dass sie ihren Platz nun endlich gefunden hatte. Es war ganz dunkel, dunkel und warm, aber Beide spürten das Lächeln des Anderen und schliefen glücklich brummend und selig schnaubend ein.

Die Zeit der langen Einsamkeit war vorüber.

Dunkle Wolken

Es folgten friedliche, warme, gesellige und wunderschöne Tage. Der Bär brummte zufrieden und fühlte sich übermütig, wie ein Jungbär. Die kleine rote Eselin brachte ihn zum Lachen, er konnte sich gar nicht sattsehen an ihren übermütigen Tollheiten und ihre glücklichen Augen machten ihn froh und zufrieden.

Sie streiften den Pfaden entlang, spielten Verstecken und jagten einander, einfach zum Spaß. Manchmal fielen sie atemlos in eine Wiese und kuschelten in aller Seligkeit. Das Leben war schön, Glück teilen war schön, gemeinsam Honig naschen war schön. Alles war schön und die Welt war voller Zauber.

Die Eselin fühlte ein Glück, das bis in die tiefste Pore drang, jede einzelne Zelle, jedes Haar ihres glänzenden Felles waren durchdrungen von Lebensfreude und Lebenskraft. Die Sterne leuchteten heller, die Farben des Waldes waren intensiver, das dunkelste Dunkel war doch nichts anderes als behagliche Heimeligkeit, der Wind ein sanftes Streicheln. Sie freute sich auf den Bären und wollte am liebsten nur noch in seinen Armen kuscheln. Dann wurde sogar die quirlige Eselin ganz ruhig, lauschte zufrieden dem Schlagen seines Herzens, während seine starken, pelzigen Arme sie ganz feste an sich drückten.

Es war an jedem Tag, als würde sie die unendliche Freude über den großen Sprung in die Freiheit noch einmal fühlen, nur eben anders, so, dass noch ein wesentlicher Bereich ihres Herzens Erfüllung fand.

Es vergingen Wochen, es vergingen Monde. Auf dem kleinen Hügelgrab des alten Schafes wuchsen Gräser, erblühten kleine Blumen, dann folgten andere Pflanzen und bald wurde es eins mit der Wiese der Lichtung. Ein ungewöhnlich heißer Sommer kam und ein kälterer Herbst folgte, aber noch immer waren die Tage hell. Die Eselin hätte ewig so weiterleben können, aber eines Tages erwachte sie aus tiefem, seligem Schlaf und fand den Platz an ihrer Seite leer.

"Bär?" rief sie wohlig, streckte sich und freute sich auf das gemeinsame Frühstück, auf das Lachen und die guten Gespräche. Sie schnupperte voller Vorfreude und tatsächlich roch sie den Duft einer satten Honigwabe und einiger säuerlicher Beeren. "Guten Morgen!" rief sie vergnügt, streckte die Glieder und räkelte sich so lang und ausgiebig es nur ging. Ein herrliches Gefühl.

Dann trippelte sie hinaus, naschte im Vorbeigehen ein paar Früchte und blickte auf die Lichtung.

Aber da war kein Bär. Sie kehrte ein wenig ratlos um und betrachtete die leckeren Sachen. Dort stand nur ihre Schale, der Bär hatte bereits gegessen.

"Seltsam," dachte die Eselin, naschte dann von dem Honig und lief erneut vor die Höhle. "Ich geh ihn einfach suchen!" rief sie vergnügt und folgte kurz darauf jenem alten Bärenpfad, den ihr Freund am liebsten hatte. Manche Abschnitte waren ein wenig mühsam, aber andere Teile des Weges erlaubten ihr einen schnellen Galopp, den sie glücklich auslebte, denn sie konnte ihren Huf nun so gut belasten wie früher. Ihre Verletzung war völlig ausgeheilt. Sie lief eine gute Stunde, aber sie fand keinen Bären. Nach einer Weile folgte sie einem anderen Pfad. Irgendetwas begann sie zu beunruhigen, aber sie wusste nicht recht was. War der Bär die letzten Tage nicht irgendwie ruhiger gewesen als sonst? Er hatte gar nicht so viel mit ihr herumgetollt und war oft alleine umhergewandert, um einiges mit seinen Kräutern zu erledigen, wie er eher beiläufig brummelte. Sie hatte dem erst gar nicht so viel Gewicht beigemessen, aber nun fühlte sie doch einen kalten, klammen Griff an ihr Herz.

"Ob es ihm nicht gut geht?" Sie begann, sich zu sorgen, aber dann dachte sie auch daran, was er ihr einst erklärt hatte, dass Bären eben einfach manchmal ihre Pfade alleine gehen müssen. Es war bestimmt einfach nur eine Bärenphase und sie würde ihn in Ruhe lassen, dann war doch alles gut.

Als ihr das also einfiel, kürzte sie den Weg ab und ging zu ihrer alten Lieblingslichtung, badete im klaren Waldbach, ruhte sich ein wenig auf dem weichen Moos aus, dann trabte sie zu der vereinsamten Schafshütte, um dort einfach mal nach dem Rechten zu sehen. Dort jedoch fand sie den Bären.

Er stand einfach nur da und starrte vor sich hin. Dabei sah er so verloren und verletzbar aus, dass es ihr einen Stich gab.

"Bär? Geht es Dir nicht gut? Ist es, weil Du unsere Freundin vermisst?" sprudelte sie nach Eselinart heraus, den Eselinnen können sich selten zurück halten. Sie tragen immer ihr Herz auf der Zunge, selbst wenn ihnen eine Stimme rät, sich zurück zu halten.

Der Bär drehte sich fast unwillig in ihre Richtung und einen Augenblick erschrak sie vor seinem harten, unwilligen Blick. Dann wurden seine Augen jedoch wieder weicher und er brummelte nur etwas Unverständliches vor sich hin.

"Kommst Du mit mir an den Bach?" fragte nun die Eselin und kuschelte sich in sein Fell. Der Bär legte seinen Arm um die kleine Rote und drückte sie fast beiläufig an sich, mit seinen Gedanken schien er sehr weit weg zu sein. "Heute nicht." brummelte er nur.

Die Eselin spürte, dass er für sich sein wollte und sagte leichthin "Naja, ich seh schon, Du hast einen Bärenmoment, ich will Dich mal nicht länger stören, bis später." Als sie sich lächelnd umdrehte, hoffte sie von ganzem Herzen, dass der Bär sie zurückrufen oder etwas sagen würde wie "Aber nein, Du störst doch nicht, kleine Rote."

Doch gab es ihrem Herzen einen weiteren kleinen Stich, als der Bär sich nur brummelnd wegdrehte und wieder in seinen Gedanken verloren in eine Welt versank, die ihr in diesem Augenblick verschlossen war. Sie fühlte sich sehr merkwürdig, ein wenig einsam und verloren, als sie ratlos heim zu traben begann. Dann jedoch änderte sie ihre Richtung und suchte den alten Pfad, der zu ihrem einstigen, so hart erarbeiteten Unterschlupf führte, den die Wanderbärin in ihrer ungestühmen Wildheit zerstört hatte.

Beinahe wäre sie daran vorbei gegangen, denn die Holzstücke waren längst mit Moos und Gräsern überwachsen und wieder eins mit der Umgebung geworden. Ziellos zupfte und zog sie hier und da und begann plötzlich damit, die alten Reste zusammen zu sammeln, neue Zweige zu holen und mühevoll, aber immer zielstrebiger an einem neuen Unterschlupf zu bauen. Warum, das hätte sie wohl selbst nicht erklären können, aber irgendwie wurde es für sie plötzlich ganz wichtig, so als hinge auch etwas sehr Wichtiges in ihrem Dasein davon ab.

Stunden vergingen. Sie baute und zog, fügte zusammen, ärgerte sich über Mißerfolge, aber gab nicht auf. Beharrlicher denn je steckte sie eine plötzliche Wut und diese merkwürdige Unsicherheit in diese Arbeit und steigerte sich immer mehr in ihr Tun hinein.

Schließlich stampfte sie auf, weil sie mit einem Mal so einen Schmerz, so eine Vorahnung fühlte, gerade so, als würde ihr alles durch die Hufen gleiten, was ihr so lange so viel bedeutet hatte.

Sie verstand aber nicht wirklich, was sie fühlte. Alles, was sie wusste war, dass es sich wirklich scheußlich anfühlte und dass sie dieses Gefühl absolut nicht fühlen wollte. Am wenigsten wollte sie diese dunkle Wolke auf ihrer Seele, eine Wolke wie ein nahendes Gewitter, dunkel und dräuend.

So arbeitete sie weiter, schnaubte und stampfte dabei und als es bereits dunkel wurde, war ihr Unterschlupf endlich fertig, schöner noch als damals, weil sie nun viel stärker und geschickter war. Sie war längst eine erwachsene Eselin geworden und hatte gar nicht gemerkt, wie erfahren sie inzwischen war im Vergleich zu der Jungeselin, die damals hinkend in den Schutz dieses Waldes trabte.

Ihr Werk erfüllte sie mit Stolz und einem Gefühl innerer Ruhe und spontan beschloss sie, diese Nacht einfach mal hier zu verbringen, ganz für sich. Sie hatte sich eine weiche Mulde bereitet, blickte empor zu den Sternen, dachte einen wehmütigen Augenblick lang an den Bären und glitt alsbald in einen unruhigen Schlaf.

Liebe oder Freundschaft

Am nächsten Morgen dauerte es eine Weile, bis sich die rote Eselin zurecht fand. Sie hatte sich erst nach ihrem Gefährten ausgestreckt, in diesem unbeschwerten Wohlfühlmoment gleich nach dem Aufwachen, aber dann war ihr all die seltsame Stimmung der letzten Zeit in den Sinn gekommen und dass sie seit langem die erste Nacht ganz für sich verbracht hatte.

Eine Mischung aus Trotz, Kummer und wildem Stolz erfüllte ihr Herz, aber dann wusste sie mit einem Mal, dass sie und ihr Freund miteinander reden mussten.

Einen Augenblick bekam sie Angst, aber sie war kein Feigling und sie wusste tief im Herzen, dass Klarheit immer der bessere Weg für sie war als Täuschung. Natürlich hoffte sie noch immer, dass die dunkle Wolke der Vorahnung nur ein Mißverständnis war. "Vielleicht wird alles wieder gut."

So nahm sie seufzend ihren Mut zusammen, erfrischte sich im klaren Bach, striegelte ihr Fell an einer rauhen Borke, bis sie im Sonnenlicht glänzte und machte sich auf den Weg. Dabei übte sie ein, was sie dem Bären sagen wollte, ihre Fragen, alles, was ihr auf dem Herzen brannte, aber als sie ihn endlich vor der Höhle dösen sah, wusste sie zunächst nicht, wie sie beginnen sollte.

"Wo warst Du?" fragte er nur und sah sie seltsam an, wieder so, als wäre er weit weg und unerreichbar. "Ich habe mir meinen Unterschlupf gebaut und eine Nacht dort geschlafen. Ich fühle, Du meidest meine Nähe und ich wollte jetzt mit Dir reden, damit Du mir bitte endlich sagst, was mit Dir los ist."

"Ach Eselin," sprach da der Bär traurig. "Ich weiß gar nicht genau, was mit mir los ist oder wie ich es Dir sagen soll, aber ich spüre, dass ich einfach wieder alleine leben will. Ich mag Dich und ich möchte Dich nicht verlieren, nicht als Freundin, aber ich möchte einfach nicht mehr mit Dir in meiner Höhle leben. Ich weiß nicht warum, aber ich fühle jetzt anders. Bitte sei nicht böse. Können wir bitte trotzdem Freunde sein?"

Die Eselin stand da, als wäre sie geschlagen worden. Sie hatte mit einigem gerechnet, aber nicht wirklich damit, dass ihr Bär sie nicht mehr lieben würde.

Der plötzliche Schmerz traf sie so tief in ihre Seele, dass sie dachte, sie würde zu Stein erstarren. Eigentlich hatte sie ein vernünftiges Gespräch führen wollen, in aller Ruhe, liebevoll, aber in diesem Moment konnte sie einfach nichts mehr sagen. Es tat so weh, dass sie kaum mehr atmen konnte.

"Eselin, liebe Freundin, sag doch etwas." rief nun der Bär besorgt, aber im nächsten Augenblick war sie schon davon gelaufen. Sie lief so schnell, wie nach dem Sprung über den verbotenen Zaun. Sie flog regelrecht über die vertrauten Pfade, sie trabte an ihrem Unterschlupf vorbei, aber selbst dort hielt sie nicht inne, sondern rannte, bis der Wald sich vor ihr öffnete und sie zum ersten Mal seit so langer Zeit die Welt außerhalb des dichten Waldgebietes wiedersah. Endlich hielt sie an, schweißgebadet, erschöpft und zitternd. Sie wusste bereits, dass das nicht gut für sie war. Einen Augenblick lang war ihr das jedoch egal, doch dann suchte sie sich eine trockene, grasfreie Stelle am Grund und wälzte sich genussvoll, bis der Schweiß getrocknet war und eine sandige Erdschicht ihr Fell bedeckte. Eine ganze Weile blieb sie dann so liegen und ergab sich der schrecklichen Leere, die auf ihrer Seele lastete.

Wie konnte das nur möglich sein, dass der Bär sie plötzlich nicht mehr wollte? Nur Freundschaft, hatte er gesagt. Freundschaft, ja, Freundschaft, das war ihr so wichtig gewesen, so wertvoll, aber warum lag in diesem Wort jetzt kein Trost, sondern nur Verlust? Sie ertrug den Gedanken einfach nicht, dass er sie nicht mehr in der Höhle wollte, dass sie den Bären bei Nacht nicht mehr fühlen sollte, nicht mehr seinen Arm um sich und sein sanftes Streicheln. Alles, was sie fühlte waren Schmerz und eine bodenlose Verlassenheit, als sei sie wieder in dem Schweinestrog eingesperrt, verlassen, vergessen, hungrig und für eine Weile dachte sie wirklich, sie würde einfach nur noch so liegen bleiben in dieser Mulde und sich in diesem grausamen Schmerz verlieren. Aber dann regten sich ihr Stolz und die Erinnerung an ein Gespräch, an ein altes Versprechen.

So raffte sich die Eselin mühsam auf, erhob sich, trabte zum Bach, der sich aus ihrem geliebten Wald schlängelte und vor ihr ganz flach und viel breiter wurde. Langsam stieg sie hinein, so wie sie es gelernt hatte, allmählich und sehr behutsam abkühlend. Schritt für Schritt fühlte sie die erfrischende Kühle und Reinheit des Wassers und obgleich ihr nun die Tränen liefen, fühlte sie sich auf eigentümliche Weise getröstet und beruhigt.

"Das mache ich jetzt für mich." dachte sie und begann, ihr Fell zu pflegen, Nadeln und kleine Zweige herauszuzupfen, tief einzutauchen und dann plötzlich in einem aufwallenden Übermut wieder ein Erd- und Sandbad zu nehmen. Alsbald wiederholte sie das Bad im Bach und noch ein drittes Mal, bis sie sich einfach in die Vormittagssonne stellte und das Fell trocknen ließ.

Es tat gut. Auch inmitten ihres Kummers tat es gut. Die Eselin stand einfach nur genussvoll in der

Sonne, während der Klang einer Schafherde zu ihren Ohren drang, die Vögel sangen und der Bach munter plätscherte, so unberührt von ihrem Kummer. Dass alles einfach nur so weiterging! Dass weder Sonne noch irgendein Wesen von ihrem Kummer beeindruckt oder im Lauf verändert wurde, dass die Welt einfach so tat, als würde es sie innerlich nicht zerreißen!

Von Schmerz überwältigt, weinte sie wieder, dann aber reckte sie ihren Kopf stolz in die Höhe und beschloss, nun extra zum Trotz den Moment zu genießen und all ihren Kummer eine Weile auszuklammern, denn inmitten ihres Schmerzes erinnerte sie sich an den großen Sprung in die Freiheit, an die beiden Male, wo sie ihren Unterschlupf ohne Hilfe gebaut hatte, an den großen Kampf auf Leben und Tod mit der Wanderbärin, an all das, was sie bislang schon bewältigt hatte, auch den langen körperlichen Schmerz. Nein, diesmal würde sie nicht im Kummer resignieren. Sie würde sich dem Kummer stellen und sie würde einen Weg für sich finden. Den Bären wollte sie jetzt aber erst einmal nicht sehen, denn sie spürte, dass sie das gerade nicht ertragen konnte, auch wenn sie nicht recht verstand, warum. Sie verstand so vieles nicht, sie hatte keine Erfahrung mit diesem ganzen schweren Berg an Gefühlen, alles, was sie hatte war ihr Instinkt.

Ein unerwartetes Wiedersehen

Aber vielleicht war das ja doch nicht alles, denn in diesem Augenblick hörte sie eine altbekannte Stimme. "Ich bin stolz auf Dich, Eselin!"

Wie aus dem Nichts war ihre alte Retterin, die weise, alte Schäferhündin erschienen. Die Eselin beugte freudig ihre Nüstern hinab und ließ sich das Gesicht ablecken, zärtlich und liebevoll. "Ach Hündin, wie schön, dass Du da bist, ich habe mich so nach gutem Rat gesehnt."

"Guter Rat ist eine heikle Sache, denn selten sind Wesen bereit, guten Rat anzunehmen. In der Regel will jedes Wesen nur Bestätigung von Illusionen, aber ich glaube schon, dass Du anders bist, denn wer seine Fesseln durchbeißt, einen Schweinetrog verlässt und über verbotene Zäune springen kann ist auch mutig genug für die Wahrheit. Womit kann ich Dir nun also helfen?"

Da erzählte die Eselin ihrer alten Freundin ihre vergangenen Erlebnisse, vom Schaf, der

Wanderbärin, dem Tod und natürlich auch von der langen, bewegenden Geschichte der Freundschaft und Liebe zu dem Bären, von Lachen, Nähe und Zusammenhalt, bis hin zu diesem schrecklichen Morgen, wo die Liebe offensichtlich geendet hatte.

Die Hündin lauschte aufmerksam, schmunzelte hier und da und schüttelte dann kaum merklich den Kopf. Sie schwieg eine Weile und blickte die Eselin ruhig an, bis sie endlich sprach: "Du hast es ganz richtig erfühlt, Eselin. Freundschaft ist Dir jetzt einfach nicht genug oder möglich, weil Dein Herz nun einmal liebt.

Es gibt keinen Schalter in dieser Welt, den man in so einer Situation einfach umlegen könnte, ohne sich und die anderen zu belügen. Man kann nicht plötzlich weniger lieben, genauso wenig kann man weniger trächtig sein oder weniger tot.

Es gibt Dinge, die sind, wie sie sind. Das Wasser ist nass, der Blitz gefährlich, das Leben ein Wandel, Begegnungen begleiten Dich für eine Spanne Deiner Lebenszeit und Abschiede gehören zum Leben, genauso wie der kalte Winter dem

Laubabwurf folgt. Aber, Eselin, es wird immer auch einen neuen Frühling geben, Geburten und neues Leben, dann wieder den erst bunten, dann grauen, nebligen, stürmigen Herbst, den Winter, das Sterben und Vergehen.

Das ist die Natur und der Natur kannst Du Dich nicht widersetzen. Dein Freund, der Bär, er kann Dein Freund sein, nur eben nicht jetzt. So sehr es Euch Beide schmerzen wird, Ihr müsst einander erst lange Zeit loslassen, damit Ihr zurück zu einer neuen Freundschaft finden könnt. Manchmal gelingt das, aber manchmal auch nicht. Ohne Abstand gelingt es aber auf gar keinen Fall und wird nur verletzen, erst Dich, dann Euch Beide, dann alles, was mal schön und gut war. Was wirst Du also machen?"

Die Eselin stand ruhig da, gefasst, denn diese Worte verstand sie nun und sie verstand, dass ihr Instinkt richtig gewesen war, was ihr Mut gab, auch Trost, dass sie sich auf ihre Sinne verlassen konnte, selbst wenn sie eine Situation nicht recht verstand.

"Aber warum kann mich denn der Bär plötzlich nicht

mehr lieben? Was habe ich denn falsch gemacht?"

Die Hündin lächelte. "Du hast absolut gar nichts falsch gemacht, Eselin. Ihr hattet eine wundervolle Zeit, sie war wahrhaftig und wertvoll, aber es ist alles im Leben eine Frage des richtigen Zeitpunkts. Wesen ändern sich. Wir alle haben unseren Lebenspfaden zu folgen und manchmal laufen wir eine Weile nebeneinander, dann aber haben wir alle unsere ganz eigene Richtung. Es ist alles wichtig, um den für Dich richtigen Weg zu finden.

Auch der Schmerz ist häufig wichtig, oder dass man Wesen, Freunde, Partner loslassen muss. Es tut weh, aber würde alles im Leben immer rund laufen oder immer nur schön weitergehen, dann wäre man niemals gezwungen, die Richtung zu ändern oder neue Wege zu probieren.

Diese Dinge machen uns aber gerade stark und eröffnen neue Chancen. Ich sage nicht, dass es einfach ist und der Schmerz ist auch selten willkommen, aber dennoch scheint es nun an der Zeit zu sein für Dich, dass Du diese Waldphase hinter Dir lässt und siehst, was das Leben noch für

Abenteuer zu bieten hat. Es gibt noch soviel mehr als Wald für Dich, Eselin. Es gibt noch so viel mehr an Freundschaft, die Du erleben kannst und es gibt noch so viel mehr an Liebe."

Das konnte sich die Eselin mit ihrem gebrochenen Herzen nun so gar nicht vorstellen, aber sie vertraute ihrer alten Retterin und deren Weisheit, deshalb war sie doch gewillt, sie anzunehmen, selbst wenn sie sich nicht vorstellen konnte, jemals wieder jemand anderen zu lieben als den dicken, alten, brummeligen, starken Bären.

Doch hatte sie nun ihre Kraft gefunden und einen Entschluss gefasst.

Zwei Wege

Ein letztes Mal schlief die Eselin unter dem Schutz des alten Waldes, ein letztes Mal trabte sie zu den Wildbienen und ein letztes Mal ging sie vor die Höhle zu ihrem alten Gefährten. Der schlief noch tief in seiner Höhle, als sie ihm zum Abschied eine große, triefende Honigwabe neben das Bett legte. Fast wäre sie schwach geworden, hätte sich neben ihn gekuschelt, gebeten und gebettelt, dass nur alles so sein solle wie früher, aber dann streckte sie sich in voller Würde, nahm im Geiste Abschied und ging sehr leise davon.

Sie war schon lange neuen Wegen aus dem Wald gefolgt, als der Bär endlich seine Augen öffnete und das Abschiedsbündel fand. Nicht nur die Wabe, auch ein paar Kräuter und Wurzeln, dazu das zusammengelegte Schlaffell der roten Eselin.

Da wusste der Bär, dass er seine Freundin verloren hatte und nun fühlte auch er einen schrecklichen Schmerz, eine wilde Einsamkeit und einen tosenden Aufruhr in seinem Herzen.

Dieser hallte in einem lauten Brüllen durch den Wald, als er nun über alte Pfade rannte und seinen Zorn und Kummer in die Welt hinaus schrie. Er wusste, dass er mit seiner Ehrlichkeit einen teuren Preis gezahlt hatte, denn er hatte die Eselin doch auf keinen Fall verletzen wollen, aber er hatte sie verletzen müssen, um sie nicht zu belügen. Es war auch für ihn sehr schmerzhaft gewesen und nun war sie tatsächlich gegangen!

Kein Getrappel mehr in der Höhle, kein Übermut, keine roten Ohren hinter Baumstämmen, kein Herumtollen, kein warmer Eselskörper in seinen starken Armen, kein Lachen, kein gemeinsames Genießen der schönen Natur, keine Liebe, keine Freundschaft, nur noch ein schmerzlicher Verlust.

Die Einsamkeit, die der alte Bär in diesen Augenblicken fühlte, war überwältigend und doch wusste er, dass er um ihrer Liebe und Freundschaft willen richtig gehandelt hatte. Nur warum konnten sie jetzt nicht einfach als Freunde weitermachen?

Das verstand der alte Bär nicht und das wollte auch

nicht in seinen Kopf. Er musste seine Freundin zurückholen und mit diesem Gedanken stürmte er aus dem Wald.

Weit kam er allerdings nicht, denn plötzlich sprang ihm ein bisher unbekanntes Wesen vor die Füße. Der Bär hielt verblüfft inne und staunte, denn vor ihm stand eine alte, aber sehr stolze Hündin, die sich nun mit bedrohendem Knurren in seinen Weg stellte.

Wie sie es nur wagen konnte, dachte er erst, dann jedoch fiel ihm die Erzählung der Eselin ein und er ahnte, wen er da nun vor sich hatte. Beeindruckt und auch ein wenig neugierig unterdrückte er sein Brüllen, als er so unvermittelt inne hielt. "Du bist die alte Beschützerin und Retterin meiner Eselin, nicht wahr?"

"Ja und ich rate Dir, dass Du sie nun gehen lässt, sonst ziehe ich Dir persönlich Dein Bärenfell ab." knurrte sie mit erschreckender Selbstsicherheit. Der alte Bär zweifelte keinen Augenblick an ihrer Entschlossenheit und wenn er auch keine Furcht vor ihren Zähnen hatte und um die eigene Stärke wusste, so fühlte er ihr gegenüber doch etwas, das er ganz selten Empfand: tiefen Respekt, ja beinahe sogar ein wenig Ehrfurcht. Er wusste, mit Bärengebrüll würde er hier nicht weiterkommen.

"Sie ist meine Freundin, Hündin und ich will sie zurück gewinnen." antwortete er nun sehr ruhig, voller Hoffnung, dass ihn das edle Tier verstehen würde.

"Denkst Du nun an Dich oder denkst Du an die Eselin?" fragte die Hütehündin ruhig und entspannte sich, als sie witterte, dass der Bär ihre Forderung zunächst respektierte.

"Ich denke an die Eselin!" entgegnete der, ein wenig zu schnell, aber er dann wusste er, dass das so nicht ganz richtig war. "Ich denke daran, dass ich sie nicht verlieren will", gab er leise zu.

"Bär, wenn Du ihre Freundschaft erhalten möchtest, dann musst Du sie jetzt loslassen. Sie liebt Dich, Du liebst sie nicht mehr. Daraus kann Dir niemand einen Vorwurf machen, zumal Du den Mut zur Ehrlichkeit hattest, aber Du musst verstehen, sie kann jetzt nicht einfach nur noch Freundschaft für

Dich empfinden, sie muss selbst erst loslassen lernen und braucht viel Zeit, die nun verlorene Liebe zu betrauern und den Verlust zu bearbeiten. Wenn sie Dir wirklich wichtig ist, wenn Du wirklich ihre Freundschaft möchtest, dann musst Du sie jetzt gehen lassen. Ihr müsst einander Raum geben und akzeptieren, dass Ihr erst einmal zwei ganz neue und unterschiedliche Wege gehen müsst."

"Aber wie soll ich sie denn dann wiedersehen, wenn sie den Wald verlassen hat? Kannst Du mir garantieren, dass sie zu mir zurückkommt?" rief der Bär fast verzweifelt aus, überwältigt von einer neuen Woge brennenden Schmerzes.

"Bär, Du bist doch kein hilfloser kleiner Jungbär mehr." schüttelte die Hündin ihren Kopf, aber meinte dann sehr liebevoll und sanft: "Du weißt, dass es im Leben keine Garantien gibt. Das einzig Verlässliche ist der Wandel, die Veränderung, der Lauf der Jahreszeiten, Geburt, Leben und Tod, dass Kälte auf Wärme folgt und Sonne auf Regen, zumindest hier in unserer Gegend. Ich kann Dir keine Garantien geben, aber ich garantiere Dir, dass Du alles verlieren wirst und zwar auf sehr schmerzhafte Weise, wenn Du nun Deiner Freundin nicht die Zeit gibt, die sie benötigt und wenn Du nicht respektierst, was sie nun als ihren neuen Weg gewählt hat. Sie hat ein Recht, sich selbst zu schützen, sie hat ein Recht darauf, Zeit zu bekommen und sie hat ein Recht darauf, ihren neuen Weg zu erkunden und zur Ruhe zu kommen. Du warst ehrlich und dafür zolle ich Dir Respekt.

Du hattest es in der Hand zu lügen oder aufrichtig zu sein, aber es war richtig, den ehrlichen Weg zu wählen. Du hast es aber nicht in der Hand, wie die Eselin nun reagieren wird und was sie mit der neuen Situation machen will. Du hast aber wiederum in der Hand, ob sie zur Ruhe kommen und die Zeit wertschätzen kann oder sich am Ende gegen Dich wehren muss und Ihr so alles verliert, was wertvoll und schön war."

Der Bär nickte traurig. Die Hündin hatte absolut recht und er wusste es. Ganz tief blickte er dem weisen Tier in die Augen "Wirst Du unsere Freundin behüten?"

Die Hündin lachte auf. "Unterschätze niemals eine

Eselin! Sie ist viel, viel stärker als Du ahnst. Sie braucht mein Behüten nicht. Es wäre Anmaßung, denn es würde ja bedeuten, ich traute ihr nicht zu, ihren Weg zu finden, aber ich traue es ihr zu - und noch vieles mehr. Vertraue ihrer Stärke und jetzt lass los und wandle auf Deinen eigenen Pfaden."

Mit diesen Worten verabschiedeten sich die Beiden und der Bär trottete langsam in seinen Wald zurück. Er fühlte großen Kummer in seinem Herzen, aber wenn er ganz tief in sich hineinhorchte, verspürte auch er tiefes Vertrauen in die innere Stärke seiner Freundin.

Sie war eben nicht nur die unbeschwerte Eselin, die mit ihm über die Lichtung tollte, kuschelte und das Leben mit leichtem Herzen nahm. Sie war auch die mutige Freundin, die ihr Leben für eine Freundin geben wollte im Kampf mit einem stärkeren Tier, die sich über das alte Leben in eine unbekannte Freiheit gewagt hatte. Sie würde es schaffen. Sie war stark und er vertraute ihr!

Jetzt blieb ihm nur noch eines und daran klammerte er sich nun aus tiefster Seele: Hoffnung, dass es eines Tages ein Wiedersehen geben würde und ihre Freundschaft fortbestehen konnte. Daneben empfand er aber noch etwas: tiefe Dankbarkeit für die gemeinsame Zeit, ganz gleich, was nun auch kommen sollte.

Verlockung

Inzwischen waren etliche Tage vergangen. Die rote Eselin streifte durch die Gegend, unterhielt sich hier und da mit Tieren, denen sie auf Wiesen oder Weiden begegnete, ohne je das Gefühl zu bekommen, es wäre eines längeren Verweilens wert. Ihr Innerstes zog sie einfach weiter.

Sie wählte scheinbar wahllos neue Pfade, ließ sich treiben, stand bisweilen über einer Anhöhe und blickte in die weite Ferne, jedoch kein einziges Mal zurück. Wind und Wetter waren ihre Begleiter, ebenso wie ihr eigenes Hufgetrappel und das Drängen, jeden Tag nur noch weiter zu ziehen.

Eines Morgens jedoch wurde sie von neugierigem Hufgetrappel begrüsst, das neben ihr zum Stehen kam. Ihr Herz setzte einen Augenblick lang aus, denn sie blickte unvermittelt einem prachtvollen Esel in die Augen. Etwas in ihr rührte sich voller Sehnsucht. Es war ein seltsames Gefühl, als sie einander beschnupperten und gegenseitig zärtlich an ihren Hälsen zu knabbern begannen. Sie umkreisten sich und sie stellte fest, dass sie den Esel mochte.

Aus einer Laune heraus trabte sie plötzlich lachend los und ließ sich scheinbar einholen, nur um einen Ausfallschritt zu machen und mit wildem Herzen in eine neue Richtung zu rennen. Sie hörte ein Auflachen, aber der Esel folgte ihr mühelos und machte noch so manchen Haken und manche Richtungsänderung mit, bis sie lachend einander gegenüber standen.

"Woher kommst Du wilde Rote eigentlich so plötzlich?" fragte er amüsiert und knabberte wieder über ihren Rücken. Das fühlte sich so gut an, dass die Eselin die Augen schloss und einfach nur genießen wollte. Was sie aber nicht wollte, war erzählen und so meinte sie nur "Woher ich komme, ist ohne Bedeutung für den Augenblick, in dem ich einfach hier bin."

"Oh wie geheimnisvoll!" schmunzelte der Esel und drückte sich zärtlich an ihr Fell, zärtlich, behutsam und ein klein wenig fordernd. Sie mochte diese

Berührung und ließ es wieder zu, dass er an ihren Nüstern schnupperte und ihr ganz nahe kam. Diese neue Zärtlichkeit war so aufregend, wie tröstlich und stillte eine tiefe Sehnsucht in ihrem Herzen.

Sie wollte in seiner Nähe bleiben und zum ersten Mal auf ihrer langen Reise an einem Ort verweilen, aber dann begann der Esel von seinem Zuhause zu erzählen, wie frei die Herde am Tage war und wie sie alle bei einem schönen Hof lebten.

Abend um Abend fanden sie Schutz bei ihrem Herrn, der ihnen ein traumhaftes Gatter gebaut hatte, schöne Tröge, während ein frischer, klarer Bach durch den Grund floss, es herrliche Sandplätze gab mit kargem Grund, den die Esel so sehr liebten und für gesunde Hufe brauchten.

Der Esel schwärmte von Schutz und Geborgenheit und von dem Zaun, der Böses fernhalten würde, aber auch davon, dass es nur junge Tiere in der Herde gab, junge starke Tiere, so wie er, während die alten an einen wundersamen Ort kamen, auf den schon alle sehr gespannt waren.

Da sprang die Eselin erschrocken auf und schüttelte

sich das Fell, denn sie wusste plötzlich sehr genau, was so ein Ort sein konnte. Mit Entsetzen erinnerte sie sich an das Fahrzeug, das am dunklen Morgen auf den Hof gefahren war, sie abzuholen.

"Nein!" rief sie erschrocken aus, "Du darfst auf keinen Fall hier bleiben! Es wird nur schön für Euch sein, so lange Ihr junge, kräftige Tiere seid. Dann passiert etwas Schreckliches, bitte sag es den anderen!"

Der Esel lachte nur und schüttelte den Kopf. "Was Du nur denkst. So einen Unsinn habe ich ja noch nie gehört." Er wollte sie wieder zärtlich stubsen, aber sie zitterte am ganzen Körper und als sie ihne wieder warnen wollte, wurde er ganz ungehalten und trabte davon.

Die Eselin konnte ihm nicht folgen, denn in ihr brannte die Wahrheit viel stärker als jede Sehnsucht: "Das ist hier alles Illusion, es ist keine Freiheit. Es ist alles nur ein einziger großer, getarnter verbotener Zaun!"

So schnell sie konnte, rannte sie davon. Freilich lag in ihrem Herzen ein Bedauern, aber sie wusste bereits, dass der starke Esel ihr nicht folgen würde, weil er an das glaubte, was er als schön empfand. Er würde blind bleiben für ihre Erfahrung und so blieb ihr nur, dem eigenen Weg zu vertrauen.

Denn das tat sie, sie vertraute sich. Sie wusste nicht, wohin sie ihre Reise bringen würde, aber sie wusste, dass der Weg als solches richtig und wichtig für sie war, auch wenn er endlos weit weg von ihrem geliebten alten Gefährten führte.

Ach, wenn sie diese schönen Landschaften, diese kostbaren Momente, den wilden Galopp, ihre Gedanken und Erfahrungen doch nur mit ihm teilen könnte! Oder auch das Entsetzen, das sie eben gefühlt hatte, das Wissen um die Wahrheit, den kurzen Augenblick einer Sehnsucht, einfach alles. Auf ihrem Weg hatte sie mit ganz gemischten Gefühlen zu kämpfen, mit Trauer und Enttäuschung, mit Hoffnung und Wut, mit Verstehen und Verzeihen bis hin zu Akzeptanz.

Es war wirklich nicht einfach, aber es war gut so, wie es war, denn es war ja ihr Weg.

Unter Wildeseln

Der Mond wurde eine schmale Sichel, dann wieder voll und wandelte sich erneut. Die Landschaft begann sich zunehmend zu verändern. Die Böden wurden karger, aber das harte Gras bekam der Eselin genauso wie die tägliche Bewegung und die Mischung aus Freiheit und Abenteuer.

Ihr wildes Herz jauchzte vor Seligkeit, wenn der frisch geborene Tag sie weckte oder Regen von ihrem Fell tropfte, wenn die Sonne auf ihr brannte, wenn sie Sandbäder nahm oder in Flüssen und Bächen schwamm.

Sie ließ sich einfach nur treiben und irgendwann hatte sie es sogar genossen, nicht mehr täglich ein geliebtes Wesen um sich zu haben. Manchmal fehlte ihr der Bär, aber der brennende Schmerz war einer liebevollen Erinnerung gewichen, einer lächelnden Dankbarkeit. Sie genoss es, einfach frei zu leben, zu tun, wonach ihr der Sinn stand, zu gehen, wohin sie wollte oder ein wenig länger zu verweilen, wenn ihr einer der neuen Plätze gefiel.

Sie fühlte, dass alles im Leben einen Preis hatte. Die Freiheit hat ihren Preis, Beziehungen haben einen anderen, es gab kein "richtig" oder "falsch", es gab nur Lernen, Erfahrung und die Chance, an Situationen zu wachsen, das Recht, die eigenen Bedürfnisse zu erkennen, dem eigenen Weg zu folgen und hinzufühlen, was sich jetzt richtig und wichtig anfühlen würde. Dabei war es eben auch wichtig, anderen Wesen das Gleiche zuzugestehen.

Die Frage, die ihr auf der Seele brannte war nicht länger, wie sie altes festhalten konnte, denn sie wusste nun bereits, dass das unmöglich war. Nein, sie dachte häufig darüber nach, wie sie all das verbinden konnte, was ihr doch so wichtig geworden war.

Wie konnte man Nähe leben, ohne die Freiheit zu verlieren? Wie konnte man lieben, ohne sich einzuengen und gemeinsam zu erstarren? Wie konnte man Beziehungen leben und sich dabei doch weiter entwickeln? Wie konnte man verhindern, dass ein Verweilen nichts weiter war, als einfach nur eine Gefangenschaft in einem neuen, getarnten, verbotenen Zaun?

Wenn sie mit anderen Wesen sprach, entdeckte sie, dass deren Leben bisweilen aus sehr vielen getarnten Zäunen bestand, aber dass es gar keinen Sinn machte, darauf hinzuweisen. Wenn sie damit glücklich und zufrieden lebten, welches Recht hatte die Eselin denn schon, für Unruhe zu sorgen? Hatte nicht jedes Wesen das Recht, die eigenen Wege auf ganz eigene Weise zu suchen, zu finden, zu wählen oder einfach auch an Ort und Stelle zu verweilen?

Etwas in ihr hatte sich auf ihrem Weg verändert. Sie fühlte nun, dass es sehr viele Formen von Liebe gab, zur eigenen Freiheit, zu sich selbst, zum eigenen Lebensweg, zur Natur, zu schönen Dingen, aber eben auch zu anderen Wesen und deren so unterschiedliche Leben, zum Leben selbst und zur Intensität von Gefühlen.

So dachte sie, als ihr Weg sie auf einen schmalen Pfad über eine Hügelkette führte. Plötzlich lag ein aufregender Duft in der Luft und ihre Nüstern bebten. Bedächtig näherte sie sich dem Rand einer Felsformation und blickte in die weite Ebene, die sich vor ihr erstreckte. Auf der anderen Seite ging die Hügelkette weiter und bildete einen natürlichen Schutz. Ein kleiner Wasserfall strömte die Felsen hinab, Büsche und Bäume spendeten Schatten, es gab sonnige Steppen, duftende Kräuter und einen kleinen Fluss, der sich durch das Tal schlängelte. Die Eselin atmete tief durch, denn es war atemberaubend schön. Zum ersten Mal hatte sie das Gefühl, nach Hause zu kommen.

Das war aber noch nicht alles, denn der aufregende Duft war nicht von der herrlichen Landschaft gekommen. Unter ihr, in einem Tal, ruhte eine Herde Wildesel gerade friedlich in der Nachmittagssonne, zumindest die älteren Tiere. Schmunzelnd betrachtete die Eselin ein paar wild herumtollende Jungesel und sah derem Spiel zu, mit jauchzender Erinnerung im Herzen an Momente, in denen sie selbst herumgetollt war.

Sie beobachtete ein paar sehr alte Tiere, die inmitten der Herde lagen und ein paar wunderschöne Eselsstuten. Sie fragte sich gerade, ob es wohl ein Leittier gab, als langsames Hufgetrappel in ihre Richtung kam, bis neben ihr eine Stimme sanft fragte: "Na? Gefällt Dir, was Du siehst?"

Als sie in das lächelnde, reife Gesicht eines Eselhengstes blickte, wusste sie, dass ihr unbedingt gefiel, was sie sah und dass ihr fast der Atem stockte, so überwältigt war sie von seiner weisen, starken, wissenden und zärtlichen Ausstrahlung.

Der Wildesel spürte ihre Reaktion und lächelte, denn sie gefiel ihm auch und er spürte, wie sehr sie seine Nähe und Geborgenheit ersehnte. Als er sich zärtlich an sie schmiegte und sie einfach die gegenseitige Wärme genossen, fühlte die rote Eselin mit bebendem Herzen, dass ihre lange Reise erst einmal ein Ende gefunden hatte.

Fortan lebte sie unter Wildeseln in einer Freiheit und Geborgenheit, die sie mit rasender Lust erfüllte. Sie lernte so viel neues von der Herde kennen, so viel Wissen von den alten Tieren, während sich die Jungesel staunend um sie scharten, wenn sie Geschichten von dem großen, alten, starken Bären erzählten, von dem alten Schaf und der bösartigen Wildbärin. Gleichsam bestaunten alle ihren Mut und die Stärke ihrer trainierten Flanken und sehnten sich nach der Sicherheit, Ruhe und Weisheit, die sie nun selbst ausstrahlte. Für die Eselin war es neu, einfach akzeptiert zu werden, aber mehr als das, plötzlich für viele sogar ein Vorbild. Hatte sie sich früher so sehr nach Halt gesehnt, so waren es nun andere, die ihren Schutz und ihre Nähe suchten. Gleichzeitig bekam sie so viel zurück, weil sie zum ersten Mal eine echte Gemeinschaft erlebte. Die alten Esel konnten ihr so vieles ihrer früheren Gefühle und Verhalten erklären, sie verstanden sie und gleichzeitig verstand sie selbst so gut die ungestühmen Jungtiere, die oft mit dem Kopf durch die Wand wollten und vor Ungeduld für manchen Wirbel sorgten.

In dieser Zeit wählte sie den Leithengst als Gefährten und sie verbrachte glückliche Monde inmitten anderer Esel, die ihr wildes Herz nicht nur verstanden, sondern auch ihre Erfahrung schätzten. Niemand ärgerte sie hier wegen ihres roten Fells, im Gegenteil, die jungen Stuten bewunderten sie und schmückten sich manchmal sogar mit roten Blumen, nur um ein wenig so zu werden wie sie.

So kam es, dass die rote Eselin, die einst so eine kleine, ungestüme junge Eselin gewesen war zu einer starken, stolzen Leitstute wurde, die der Herde so viel geben konnte, wie sie selbst von der Herde erhielt. Sie vermittelte die Weisheit der alten Hütehündin und schenkte der Herde das Wissen des Bären um Kräuter und Wurzeln, darum, dass man sich niemals gehen lassen darf im Kummer und auch niemals aufgeben braucht, dass es an jedem Tag eine neue Chance geben würde, an sich selbst zu wachsen und das Beste aus allem zu machen.

Es gab natürlich nicht nur schöne Zeiten, denn auch in der Herde gab es Geburten und Tod, Krankheit und Verletzungen, Heilung und Hoffnung. Es gab Feinde, Kampf, Mut und Zusammenhalt, aber es gab so viel Liebe, Freundschaft und Gemeinschaft, dass die Eselin vor lauter Glück und Dankbarkeit kaum fassen konnte, wie schön ihr Leben geworden war.

Manchmal stand sie abends hoch oben auf dem Hügel, wo sie die Herde zum ersten Mal beobachtet hatte. Dann konnte es sein, dass sie sich plötzlich wehmütig fühlte und ein wenig unruhig wurde.

Sie war jetzt glücklich, aber bisweilen nagte etwas an ihr. So war es auch an diesem Abend, als sie hoch zu den leuchtenden Sternen blickte.

Sie dachte an ihren alten Freund den Bären und an die Lichtung vor der Höhle, an das alte Schaf und an die Nähe, die sie einst gefühlt hatten. Dann ließ sie die Ohren ein wenig hängen, wagte aber nicht, mit ihrem Gefährten über ihre Gefühle zu sprechen oder über die Sehnsucht, ab und an einfach auszubrechen und eigene Wege zu gehen, um dann bestimmt wieder zurückkehren zu wollen. Sie war ja hier zu Hause.

Ihr Gefährte war jedoch nicht nur ein kluger, umsichtiger Leithengst, er war auch ein sehr liebevoller, weiser Esel und er wollte, dass es seiner schönen Roten einfach nur gut ging. Natürlich hatte er beobachtet, dass sie ab und zu melancholisch war. Er hatte immer gehofft, dass sie sich ihm eines

Tages von selbst öffnen würde, aber wie er sie wieder so nachdenklich auf der Anhöhe stehen sah, trabte er vorsichtig zu ihr und knabberte zärtlich an ihrem Hals.

Sofort schmiegte sie sich erleichtert an ihn. Sie fühlte sich immer getröstet und so wohl in seiner Gegenwart, er war nicht nur ihr Gefährte, den sie aufrichtig liebte, er war auch ihr Freund und das beruhigte sie. Schließlich fasste sie sich ein Herz und erzählte, wie es sie manchmal betrübte, an ihren alten Freund zu denken, dass er nicht mehr in ihrem Leben war und wie sehr es sie schmerzte, dass sie diese Freundschaft verloren hatte.

Der Esel verstand und kuschelte sich enger an seine Gefährtin: "Ich denke, Eure Freundschaft besteht dennoch fort. Du bist gegangen, weil Du Raum brauchtest, Deinen Schmerz zu verarbeiten. Du brauchtest Abstand, um Dein gebrochenes Herz zu heilen, aber Euch hat vor der Liebe eine tiefe Freundschaft verbunden. Die hat nicht einfach aufgehört. Jetzt liebst Du mich, das weiß ich, Du hattest genug Abstand, es könnte ein guter Zeitpunkt sein, die alte Freundschaft wieder zu pflegen, meinst Du nicht?"

"Aber würde Dich das denn nicht verletzen?" fragte die rote Eselin besorgt und verwundert zugleich. "Aber nein!" antwortete der Leitesel lächelnd. "Ich möchte einfach nur, dass Du glücklich bist, frei und alles machst, was Dir und Deiner Seele gut tut. Von allen Wildeseln, die ich je kannte, bist Du wohl die wildeste Seele, die die größte Freiheit benötigt, aber Du bist auch treu im Herzen, treu zu mir und treu zu Deinen Freunden. Unsere Liebe ist eine wunderschöne Sache und wir sind auch gute Freunde dabei, ich wertschätze Dich und bin dankbar und froh, dass Du meine Gefährtin bist, aber Du sollst auch Freunde haben und Dich frei fühlen. Du kannst kommen und gehen, wie Du willst, diese Herde ist und bleibt Dein Zuhause."

Da war die Eselin gerührt vor Glück und Dankbarkeit und eine Weile fanden ihr Fernweh und ihre Sehnsucht Ruhe. Dann begann sich ihr Leib zu wölben und sie war sehr froh und dankbar um die wissende Erfahrung der Alttiere, die sie beruhigten, während sie sich verletzlicher fühlte. In dieser Zeit begriff sie besonders den Schutz der Herde und war dankbar, nun nicht alleine über einsame Pfade zu wandeln. Schließlich wurde sie Mutter und eine neue Phase in ihrem Leben begann. Es war ein Abenteuer, wie sie es sich in ihren kühnsten Träumen nicht hätte vorstellen konnte, aber es war wohl das Schönste, was sie je in ihrem Leben erlebte.

Eines Tages beobachtete sie lachend ihre zwei Eselfohlen, beide mit rotem Fell, aber eines mit dem braungrauen Schweif des Vaters und dem hellen Hinterhuf einer unbekannten Ahnin. Die zwei Wirbelwinde tobten gerade durch den Bach und gingen dann rückwärts über eine Baumbrücke. Die Eselin lachte und war so glücklich!

Inmitten dieses Glücks dachte sie wieder an den alten Bären und sie wusste, dass sie bald auf die Reise gehen würde.

Doch zunächst kam der rauhe Winter. Die Herde stand dicht zusammen, geschützt vom dichten Fell und einigen Unterkünften, deren Bau die Leiteselin der Herde gelehrt hatte. Mit Stolz hatten sie ihr gemeinsames Werk betrachtet und sich über die anfängliche Skepsis mancher Alttiere hinweg gesetzt. Die freuten sich nun ebenfalls über den Wind- und Wetterschutz und rühmten die Klugheit ihres Leittiers.

Da stand nun die Herde dicht, warm und sicher, während die Jungesel sich wieder einmal um die rote Eselin drängten und bettelten "Erzähl uns von dem Kampf mit der Wildbärin!" "Nein, von dem alten Bären!" "Können wir ihn sehen?" fragten da ihre eigenen Fohlen, die schon beträchtlich gewachsen waren. Jeden Tag lagen sie ihr damit in den Ohren!

"Der Bär schläft im Winter." antwortete die Eselin jedesmal, aber ihre Fohlen riefen aufgeregt: "Dann gehen wir im Frühling, wenn er aufwacht, ja Mama? Papa?" Ihr Vater schmunzelte nur und flüsterte seiner Gefährtin zu: "Sie sind genau wie Du!" Auch er war stolz auf seine kluge Partnerin und glücklich über seine Familie.

So vergingen die Tage, die dunklen Wochen und Monate, bis der kalte Winter endlich sein Ende nahm. Schließlich machte sich der kleine Eselstroß auf den Weg.

Viele rote Ohren

Der alte Bär räkelte sich vor seiner Höhle. Um ihn herum taute die Winterwelt und erstes frisches Grün lugte aus der Schneeschicht hervor, die hier und da schon den braungrünen Boden des Herbstes freigab. Eiszapfen tropften über seiner Höhle und der nahe Bach befreite sich von seiner eisigen Erstarrung. Es war das Plätschern, das den Bär aus seinem langen Schlaf geweckt hatte.

Einen Mond später lagen nur noch winzige Schneereste an schattigen Stellen, wo er sich in Winterstürmen gesammelt hatte. Die Luft war erfülltes Versprechen, Huflattichblüten hatten sich geöffnet und erste Knospen brachen auf zu frischem Grün.

Der Bär räkelte sich ein um das andere Mal und trabte dann wohlig los, ein weiteres Mal die geliebten alten Pfade zu beschreiten. Heute wollte er die Lichtung aufsuchen, an der er der Eselin zum ersten Mal begegnet war, als sie vor Wildbienen geflüchtet im Bach gesessen hatte.

Er musste wieder lachen, als er das alte Bild vor sich sah, an ihren gekränkten Stolz und ihre bockige Sturheit.

"Ach Eselin!" dachte er wehmütig. "Wie es Dir wohl ergangen ist und ob es Dir wohl gut geht? Wenn ich nur wüsste, dass es Dir gut geht, dann wäre ich glücklich und zufrieden."

Er vermisste sie so sehr, dass es ihm einen Augenblick so vorkam, als würde er wieder den altvertrauten Klang ihrer Hufen vernehmen. Dann aber schüttelte er den Kopf, denn es war ihm plötzlich, als höre er den Widerhall ganz vieler Hufen.

"Ich werde wohl wirklich alt", brummelte er kopfschüttelnd und langsam trottete er weiter, aber da war es wieder, viel deutlicher noch als am Anfang. Der Bär versuchte, sich nichts anmerken zu lassen, aber wie er sich mit scheinbar geschlossenen Augen genüsslich an seinem alten Lieblingsstamm rieb, blinzelte er in die Richtung aus der er gekommen war.

Einen kleinen Augenblick regte sich gar nichts und

er dachte schon, er habe sich vor lauter Sehnsucht getäuscht. Er wollte sich gerade wieder abwenden, als ihm der Atem stockte, denn plötzlich lugten sechs rote Eselsohren hinter einem Baumstamm empor.

Sekunden später preschte ein Eselsfohlen los und rannte ihm in die Arme "Ich hab keine Angst vor Dir, Du kennst meine Mama und ich bin so mutig wie sie." Schon folgte ein weiteres Jungtier und schließlich kam auch mit fliegender Mähne seine alte Freundin angetrabt.

Was lachte da der Bär, als es um ihn herum tollte und sprudelte und wie glücklich war sein Herz, dass sich nun die alte Hoffnung endlich erfüllte und er seine alte Freundin wieder hatte. Und so viele rote Esel! Er konnte sein Glück gar nicht fassen!

Breit grinsend tollte er mit den kleinen Eseln herum, bis ihm die Puste ausging. Endlich verstand er, dass man manchmal erst loslassen muss, damit einem etwas Wertvolles nicht für alle Zeiten durch die Finger gleitet. Man muss seine Tatzen erst frei machen, damit man etwas neues aufheben kann.

Freundschaft und Liebe sind wie Schmetterlinge, ihre bunten Flügel wollen nicht gehalten werden, sie landen und geben dann ihre Schönheit und Pracht, aber sie flattern und brauchen die Leichtigkeit ihres sanften Fluges. Wenn man sie flattern lässt, dann kommen sie wieder und genießen die schönen Blüten, die sich ihnen gebend anbieten, einfach weil Geben so wunderschön sein kann.

Erst wenn man auf diese Weise ganz uneigennützig gibt, kann man auf diese freie Weise auch empfangen, was freiwillig zurück gegeben wird. Es sind so kostbare Augenblicke.

Geliebte Wesen gehören einem nicht. Liebe darf man nicht in einen Käfig sperren, Freundschaft auch nicht, auch Kinder nicht. Man muss den Wesen Flügel lassen und Freiheit zur Entfaltung. Wenn man jedoch eine behagliche Höhle schafft, einen warmen Ort der Zuversicht und des Wohlwollens, dann können geliebte Wesen mit einem Lächeln zurückkommen, weil sie keine Mauern finden, keine zerschlagenen Honigtöpfe, keine Stricke und keine verbotenen Zäune.

Ja, das verstand der Bär nun und er empfand tiefe Dankbarkeit und Zufriedenheit. Er hatte nicht nur seine Freundin zurückgewonnen, er hatte gleich noch diese quirligen kleinen Jungesel dazu bekommen, die sich nun vertrauensvoll an ihn schmiegten und sein Herz erwärmten. Er hatte so unendlich viel mehr zurückbekommen. Seine Einsamkeit war nun wirklich vorüber und er war glücklich, wie schon sehr lange nicht mehr.

Es folgten Wochen voller Lachen, während der Bär im Herzen wieder ganz jung wurde. Es gab so viel zu erzählen, denn endlich konnte die Eselin die Momente ihrer Wanderung berichten, aber natürlich auch von dieser wundervollen Zeit mit der Wildherde. Wie staunte da der Bär, dass er für alle Eselskinder ein wahrer Held vieler Geschichten war und dass seine kleine rote Eselin eine Leiteselin geworden war. Aber nein, so sehr staunte er darüber eigentlich nicht, denn sie hatte sich verändert, war gereift und weise geworden.

Tja, das dachte er, zumindest bis sie ihn mit Wasser bespritzte, rückwärts über den Baumstamm ging und eine Schlammkugel nach ihm warf. "Manche

Dinge ändern sich eben nie!" brummelte er kurz, bevor er lachend hinter ihr her tollte, prompt gefolgt von den beiden wilden Fohlen, die begeistert waren, die kluge Mama so ungestühm und ausgelassen zu sehen.

Aber das Beste lernten die zwei Kleinen dann am Nachmittag kennen, als der Bär geheimnisvoll etwas aus seinem Beutel nahm, in vier Stücke brach und jedem davon reichte. "Hooonig" seufzte die Eselin und "Hooooonig" seufzten bald auch ihre Fohlen.

Da musste der alte Bär doch schmunzeln.

Das Bänkle

Einmal befand er sich gerade von einem langen Ausflug mit den beiden Jungtieren auf dem Rückweg, als er sah, wie die Eselin etwas über die Lichtung vor seiner Höhle zog. Den ganzen Tag hatte sie damit verbracht, ihm ein Bänkle zu bauen und nun wollte sie das sperrige Ding vor seine Höhle bringen. Warum hatte sie es eigentlich nicht dort aufgebaut? Immer wieder blieb das Teil jedoch an Grasbüscheln hängen oder am steinigen Grund, bis die Eselin so einen alten, ungestühmen Zorn verspürte, dass sie dem Bänkle einen Tritt verpasste und es im hohen Bogen vor der Höhlenwand landete. "Na bitte, geht doch!" sagte die Eselin nun zufrieden. Der Bär würde sich sicher freuen. Einmal wollte sie ihr Werk noch ausprobieren, setzte sich mit Schwung darauf und landete krachend auf dem Boden.

Dicke Tränen von Zorn und Scham rollten da über ihre Wangen. All die Arbeit und Mühen umsonst! Wütend trat sie gegen die Holzteile. Aber was war das? Lachte da etwa jemand? Empört drehte sie sich um.

Lag da doch der Bär auf dem Rücken und hielt sich den Bauch vor Lachen, daneben kullerten sich ihre zwei Fohlen im Gras und japsten.

Sie wollte schon bockig sein, aber der Anblick war zu komisch. Schließlich blubberte es auch in ihr und am Ende lachten sie gemeinsam. Sie lachten und lachten, bis sie nicht mehr konnten. Der Bär kam zu ihr rüber und legte seiner alten Freundin gutmütig die Pranke um die Ohren. "Gut, dass Du nicht nur die weise Leiteselin bist, sondern ein Teil von Dir immer die kleine Rote bleiben wird."

Da grinste die Eselin und alle halfen zusammen, das Bänkle erneut aufzubauen. Die nächsten Abende verbrachten sie manche Stunde darauf, angelehnt als alte Freunde und da wussten sie beide, dass echte Freundschaft auch eine Form von Liebe ist.

Heimkehr

Der Mond rundete sich erneut, als die Zeit nahte, dass sich die Esel wieder zurück auf den langen Weg zur Wildherde machen mussten. Natürlich bedeuten Abschiede immer Wehmut und ein wenig Traurigkeit. Keinem von ihnen fiel es leicht.

Jedoch gab es auch Vorfreude, denn es verging fortan kein Frühling und kein Sommer, an dem sich die Freunde nicht gegenseitig besuchten. Irgendwann wurden jedoch dem alten Bären die langen Wanderungen zuviel und die eisigen Winter im Wald zu kalt für seine Knochen. Deshalb bezog er eine neue Bärenhöhle in der Nähe seiner Freunde und richtete sich dort ein behagliches, neues Zuhause ein. Es gab genug Bienenwaben in seiner Nähe und sein altes Herz war ihm ganz warm, wenn er die kleinen Eselsohren neugieriger Jungtiere um die Baumstämme lugen sah.

Manchmal brummelte er auch, wenn er seine Ruhe wollte, aber meistens genoss er die muntere

Gesellschaft, oder wenn er sein Wissen weitergeben und seine Geschichten erzählen konnte. Einsamkeit kannte er nicht mehr und wenn er nachts in die Sterne blickte, lächelte er im Geiste dem alten Schaf zu, das nun auf den ewigen Weiden graste.

So kam es, dass sich allmählich in der Gegend die Legende verbreitete, dass die Wildeselherde unter einem ganz besonderen Schutz stand, manche glaubten sogar an einen Waldgeist oder zumindest an einen mächtigen Zauber und da Liebe und Freundschaft ihren eigenen Zauber besitzen, war das ja nicht ganz verkehrt.

Kein Feind wagte sich mehr in ihre Nähe, die Menschen ließen den Bären und die Herde in Ruhe und es geschah am Ende so, wie es das alte Schaf für seine geliebten Freunde gewünscht hatte:

Sie lebten ein langes, glückliches und erfülltes Leben.

Danksagung

Meinem Sohn Amin in Dankbarkeit für seine Geduld und Unterstützung, für den Tee, seinen Laptop und für all die Freude, die er in mein Leben brachte und bringt.

Ein besonderes Dankeschön an meinen Lieblingsmensch, der mir gezeigt hat, wie schön, frei und lebendig ich mich fühlen kann und der meiner Seele so gut tut, dass es mich zu den letzten Kapiteln der Geschichte inspirierte. Vielen Dank für all das Unkomplizierte, aufregend Neue, Belebende, für all das Lächeln und herzhafte Lachen, ganz besonders dafür, dass ich in jedem Augenblick spüre, dass es Dir immer sehr wichtig ist, dass es mir wirklich gut geht.

Ein Dankeschön auch an Giorgio, in dessen kleinem Eiscafé die letzten Kapitel dieser Erzählung entstanden sind, während ich mich an seinem köstlichen Eis und dem belebenden Eiskaffee labte.

Ein Dankeschön an alle Menschen, die mir in

meinem Leben Grund und Impulse gaben, einen neuen Weg einzuschlagen, selbst wenn dieser oft sehr schmerzlich war, aber ich verbuche alles als sehr wertvolle Erfahrungen, die mich zu der starken Persönlichkeit gemacht haben, die ich heute bin.

Ich danke allen Menschen, die mir im Leben Freundschaft oder auch nur liebe Gesten entgegen gebracht haben, selbst wenn sie vielleicht nur eine kleine Weile einen gemeinsamen Weg mit mir teilten.

Ich danke natürlich auch meinen Eltern für alles, was sie mir mit auf den Weg gaben, erinnere in Liebe und Dankbarkeit an meinen Vater, der mir die Natur nahe brachte und ich denke mit einem Lächeln an meine Mutter, ihre selbstbereiteten Köstlichkeiten, die warmen Stricksocken und dass es bei uns immer ein Essen gab, wenn wir von der Schule kamen.

Ich danke den Menschen, die mich sehr viel lehrten, dabei danke ich vor allem der tapferen Traude R. für ihren Mut und ihre Güte, für die vielen wundervollen Teemomente und auch Martina L. für ihre Warmherzigkeit, das gemeinsame Lachen und all den guten Kaffee.

Ich danke dem Leben selbst, dass ich jeden einzelnen Tag neu beginnen darf, und ich ende natürlich mit einem herzlichen Dankeschön an meine großen und kleinen Leser, in der Hoffnung, dass sie mit diesem Buch so viel Freude haben werden, wie ich sie beim Schreiben der Kapitel empfand.

Gib niemals auf!
Jeden Tag ein neuer Anfang!